关中农村研究系列丛书

农业产业化与新型农民科技培训

AGRICULTURAL
INDUSTRIALIZATION AND
NEW FARMERS' TECHNOLOGY
TRAINING

王倩 著

社会科学文献出版社
SOCIAL SCIENCES ACADEMIC PRESS (CHINA)

丛书编委会

丛书总序一
打造农村社会研究关中学派的
抱负应该肯定

——在第一届"中国农村社会发展论坛"开幕式上的致辞

郑杭生

女士们、先生们，大家好！

非常高兴，今天能够与 50 多位来自全国各地的青年学者聚在西北农林科技大学的美丽校园里一起进行学术交流和经验探讨。重视青年学者的健康成长是我们一直关注的中心议题，因为青年学者是中国社会学的希望。在这里，我要感谢青年学者的踊跃参与，也要特别感谢西北农林科技大学的领导、西北农林科技大学人文社会发展学院的全体师生和我们基金会一起主办这次"中国农村社会发展论坛"。

不久前，西北农林科技大学举办了建校 80 周年暨合校 15 周年的庆祝活动。80 年的风雨，80 年的沧桑，西北农林科技大学为国家的发展、社会的进步付出了辛勤的努力，做出了巨大的贡献。作为一所国家重点建设的 985、211 序列的农业院校，服务三农发展，也应该成为学校各文科院系深化科研体制改革的方向。人文学院刚刚改名为人文社会发展学院，学校还将农村社会发展确定为人文社会发展学院学科建设的两个主要方向之一，这说明学校非常重视中国农村研究，重视农村社会学学科的发展。

令我们感到兴奋的是，人文社会发展学院已经组织中青年教师成立了一个专门的学术研究机构——农村社会研究中心。通过中心编辑的小册子，可以看到，学院的这批年轻人非常活跃，短短三年的时间已经取得了不小的成绩。这批年轻人希望能够在学校、学院的扶持下，打造农村社会研究的关中学派，抱负很大，热情也高，还很有勇气。

在中国社会学会 2014 年 7 月召开的武汉学术年会开幕式上，我做了《学会、学派、学术》的致辞。我在致辞中指出，学派是学术发展的最实质性的平台。有无学派，特别是有无著名的学派，是一个学科是否繁荣、是否有活力、是否成熟、是否有社会影响力以至于国际影响力的重要标志之一。农村社会研究中心虽然起点不算高，但是中心的老师们从一开始就有心要做成一个学派，确实不容易，应该得到肯定、鼓励和支持。

围绕这个问题，我愿意借这个机会，讲三点意思。

首先，为什么要做学派，做什么样的学派。关于这个问题，可以追溯到关中地区的历史名人，关学创始人，也是理学主要创始人之一的横渠先生——张载。早在北宋时期，他就提出了"为天地立心，为生民立命，为往圣继绝学，为万世开太平"的为学之道，深刻地影响了一代又一代中国人。这四句话，被当代哲学家冯友兰概括为"横渠四句"，具有深远的历史影响和现实意义。为什么要做学派，做一个什么样的学派，我们在考虑这个问题的时候也可以从中汲取理论资源。

当今的中国，正处于急剧的经济社会变迁中，经济快速发展，总规模已经稳居世界第二位，社会更在加速转型，这是我们所处的大背景。民族的崛起、社会的转型为社会学学派的发展创造了条件、提供了机会。目前，中央提出要提升国家软实力，在国际上争夺话语权，这就为哲学社会科学的繁荣发展提供了难得一遇的好机会。然而，中国学术要有话语权，就需要不断深化各个领域的研究成果，发出我们的声音，营造学术生长的空间。照搬西方的理论是不能解释和指导中国实践的，必须要逐渐发展起一个又一个的中国学派。哲学社会科学领域的中国学派，又必须回应时代需求，在扎根中国改革经验，阐释中国发展实践的基础上生长、发展起来。

其次，就如何来做农村研究的关中学派，我想说一些我的思考。20 世纪 40 年代，费孝通先生写了一本重要的农村社会学著作《乡土中国》，引起了很大的反响。改革开放以来，中国大陆的农村社会学研究取得了长足的进步，产出了一系列的研究成果。目前来看，这些研究成果依托的农村经验主要分布在中东部地区，比如华北农村、东北农村、华南农村、长江三角洲、湖北中部地区等，而西部地区，尤其是西北部地区的相关研究成果相对较少。这就为西北地区的农村研究创造了学术生长的广阔空间。关中地区，在宋朝以前一直为中国政治经济文化中心所在地，具有悠久、辉煌的历史，是传统中国小农社会最具有代表性的地区。因此，扎根田野，立足关中，面向西北地区，定能做出一批有影响力、有创造力的学术研究成果。所以，学院提出创建农村研究的关中学派很有希望，也很有远见。

2013 年 7 月召开的中国社会学贵阳学术年会开幕式上，我做了题为《再评判、再认识、再提炼——中国社会学在"理论自觉"阶段的基本功》的致辞。这里的三个"再"代表中国社会学必须面对的三种基本关系：中西关系，今古关系，理实关系——理论与现实、理论与实践的关系。只有把上述三个方面结合起来，真正做到"借鉴西方，跳出西方"，不断进行"再评判"；做到"开发传统，超越传统"，不断进行"再认识"；做到"提炼现实，高于现实"，不断进行"再提炼"，我们才能真正创造我们的学术话语，创造我们的学术特色，也才能形成为数众多的中国学派。

2014 年我在《学会、学派、学术》的致辞中，对什么是理论自觉阶段的基本功做了进一步拓展，归纳为"三再、两气、一追求"。"三再"，就是指"再评判、再认识、再提炼"。"两气"就是指"只有接地气，才能有底气"。从学术的角度讲，接地气至少可以分为三种：接现实中国的地气、接历史中国的地气、接中国立场观点的地气。所谓"一追求"，就是追求"真善美"，社会学既要追求"真"，又要追求"善和美"。这里的"真"指的是科学性，"善和美"指的是人文性。用中国学术传统的说法，就是追求真善美，提升精气神。事实表明，社会学研究中的许多问题，仅凭单纯的科学性，并不能发现其真实原因和解决办法，往往要靠人文性才能找到原因和解决之道。

可以这样说，今后中国社会学界的良性学术竞争，很重要的一个方面，就是看这方面基本功的功力如何，能否在掌握有关事实资料的基础上，既高屋建瓴，又具体分析地提出问题、研究问题、解决问题，既能揭示世界现代性全球化的长波进程所代表的发展趋势，又能展现本土社会转型的特殊脉动所代表的中国经验，通过再评判、再认识、再提炼，通过接现实中国、历史中国和中国立场观点的地气，通过把科学性与人文性有机结合，正确处理中西、古今、理实这三种基本关系，鉴别各种思潮，从而推动中国学派的建设，促进中国社会学的发展，并为中国社会的良性运行、协调发展做出自己应有的贡献。

西北农林科技大学人文社会发展学院 2014 年在陕西遴选了 10 个县 30 个村作为农村社会研究中心长期的固定观测点，听说将来还要在其他省市建立类似的观测点。只要能够长期坚持，立足关中这片土地，有理论自觉的精神，练好基本功，一定会有所成就。

最后，我想借这个机会介绍一下我们郑杭生社会发展基金会的情况。基金会成立以来，先后资助了 34 个博士生项目、30 个硕士生项目，还资助了 90 位青年学者。其中，青年学者项目，2013 年就有西北农林科技大学人文社会发展学院的赵晓峰博士，2014 年又有学院的陈辉博士。青年学者项目，连续三年，每年都有

110～120 位青年学者递交论文，我们每年从中选出 30 篇，应该讲这些论文的质量都还是很不错的，三次论坛都非常成功。

另外，我们还创办了两个刊物——《社会学评论》和《社会建设》。到目前为止，《社会学评论》已经出了 10 期，上了知网和国家哲学社会科学学术期刊数据库，已经被中国人民大学评为"C刊"。《社会建设》也在 2014 年 3 月得到国家新闻出版广电总局的批准，2014 年出创刊号和第 2 期。《社会建设》范围很广，现阶段以社会工作和社会政策为重点。这两个刊物是我们社会学界共同的、持久的平台，这两个杂志的一个宗旨也是为青年社会学者搭建一个茁壮成长的学术平台，大家有合适的稿子也可以投给我们。我相信在大家的支持下，这两个学术刊物，一定能够办成高质量的学术刊物。

预祝这次论坛开得成功，大家都有收获！

谢谢各位！

2014 年 9 月 20 日

丛书总序二
关中农村研究的价值

付少平

关中，是陕西中部关中平原的简称，在中国历史上最早提及并大量使用关中地名的历史典籍应该是西汉时期的《史记》，其提及"关中"40余次。现在的关中地域，一般依据史念海、李之勤等编写的《陕西军事历史地理概述》中的界定："指陕西中部秦岭以北，子午岭、黄龙山以南，陇山以东，潼关以西的区域。"关中是中国农业文明的发祥地，古有中国历史上第一个农官后稷教民稼穑于此，周秦汉唐十三朝古都在此兴衰更替，这都与关中发达的农耕文明有着直接的关系。随着唐末至宋以降北方人口大量南迁，中国农业核心区向南转移，关中农业的地位才开始动摇。有史以来，关中地区就素以"八百里秦川"而著称，一直是中国重要的农业生产区域。但是，如果翻开民国期间海外学者对中国农村的研究，华南地区有弗里德曼的宗族研究，西南地区有施坚雅的乡村基层市场共同体的研究，华北地区有平野义太郎的村社共同体的研究、有杜赞奇的乡村权力的文化网络研究，等等，有影响的研究唯少有西北地区的关中研究。国内学者的研究虽对关中地区多有涉及，但少有系统深入的研究。是不是关中农村研究不具有代表性，没有价值呢？当然不是，关中农村既具有典型性，又具有代表性，对于认识中国农村发展全貌具有重要的学术价值与实践意义。

关中农村的典型性与独特性，从历史的视角给予透彻分析的是秦晖先生，秦晖先生在《田园诗与狂想曲》中分析指出：第一，关中乡村发展模式具有典型性——"关中是中国'黄土文明'的发祥地、封建社会与大一统国家的摇篮……当中华民族领先于世界各民族时，关中是灿烂中华的灿烂中心；当中国被世界近代化进程所抛弃时，关中又是停滞中国的停滞典型"。第二，关中乡村发展模式具有独特性——在传统社会中，关中农村发展具有许多独特的特点，如"宋元以后关中农村逐渐小农化，大地产与无地农民均减少，到民国时代，租佃关系几乎消失。这与通常所讲的'两极分化''土地兼并''租佃经济'模式迥异。又如，明清以来，关中的租佃关系不断萎缩的同时，'雇工经营'却颇有发展，但与之相应的却不是商品货币关系的发达，而是相对自然经济化的日益加深。再如，与商品货币关系斩断宗法纽带的一般推理相反，近代中国商品经济最发达的东南农村宗族关系与族权势力最强大，而相对封闭保守、自给自足的关中农村反而相对少有活跃的宗族组织和强大的族权。但关中农民的自由个性与独立人格并不因此而得以比南方发达"。关中农村也从来没有过宗教狂热。因此对关中农村发展模式的经验研究会有其"超经验"的意义。

钞晓鸿在《明清时期的陕西商人资本》和《传统商人与区域社会的整合》两篇文章中阐述了关中农村的独特性，他的研究发现针对一般所认为的商人广置田产、兼并土地的情况，"不置田地"在陕商中极为普遍，无论是陕商购置田地的数量还是购置田地的商人人数，均较微少。"有能力兼并土地的富商非但没有兼并土地，甚至连自家原有的土地也懒于经营。"这与关中农村"慎终追远及家族聚居观念并不强烈"有关，"明清关中的显著特点之一是家谱、祠堂、族田的相对稀少"。"宗族势力本身的相对衰弱便为其他组织与势力在当地社会发挥作用创造了条件"，在关中基层社会治理中，商人成为重要的参与者，而商人参与地方治理，"宗法共同体在提供保护的同时，又遏制个体的独立性，将每一成员均融到大家共同发展的步伐之中，这又不能不引起商人的反对"，因此关中农村基层社会治理呈现了非常复杂的局面。对关中农村的独特性与代表性，贺雪峰先生也有着自己独到的认识。他在《关中村治模式的关键词》一文中研究了中国农村的社会关联，认为中国农村区域差异很大，从乡村治理的角度看，存在农民认同与行动单位的差异，依据在农户家庭以上是否存在认同与行动单位及存在什么类型的认同与行动单位，村治类型有所不同，"以户族作为基本的红白事单位，且户族事实上参与了户族内及户族外各种事务的关中农村，其村治模式与宗族型、家户型和小亲族型等村治模式，都有相当的不同，可以称为户族型村治模式"。关中的户族只是一个较小规模的以办理红白事为主要职能的行动单位，这种规模的行动单位，只能有限地解决村民之间的互助问题，它可以调解户族内的大部分矛盾，但一般缺乏对外的功能。

因此，从已有的相关研究成果来看，关中农村是具有典型性、独特性、代表性的农村地区，对关中农村的研究具有非常重要的学术认识价值和指导中国乡村治理与发展的实践价值，关中乡村的典型性具有对与其相似农村地区的推论价值，关中乡村的独特性具有为宏观理论建立地域性个案积累的学术价值。但是无论在海外学术界还是在国内学术界，关注关中农村的学者还是非常少，对关中农村的系统深入研究非常匮乏。

所幸的是21世纪以来，西北农林科技大学农村社会研究中心开始聚集了一批年轻的学者，他们致力于认识和改造中国农村社会，致力于关中农村社会研究，在西北农林科技大学农村社会观测站基金的支持下，他们坚持每年深入关中农村，与农民同吃同住，在深入细致的田野调查中研究关中农民，研究关中农村。他们中的一些研究已取得了一定的成绩，如赵晓峰博士在他的研究中提出了"庙会是关中农村区域社会秩序整合的中心"的观点。2014年，已故著名社会学家郑杭生教授在西北农林科技大学农村社会研究中心参加中国农村社会发展论坛时，特别以关学创始人、关中著名学者张载的"为天地立心，为生民立命，为往圣继绝学，为万世开太平"的横渠四句勉励中心学者要秉持关学传统，深入开展关中农村研究，郑杭生先生还特别为中心留言：

关中学派传统深，

横渠四句是经典，

西北农研待继开，

青年才俊勇担当。

今天我们看到的这套丛书，是我们期待已久的这些富有朝气和理想的年轻学者对关中研究的成果。我相信在不远的将来，这些富有朝气和理想的年轻学者们一定会秉持关学传统，以为天地立心，为生民立命的情怀，开创关中研究和中国农村研究的新天地！

2015 年 9 月

目 录 contents

■ **第一章　绪论** / 001

　　一　研究背景 / 001

　　二　研究目的和意义 / 004

　　三　国内外研究综述 / 007

　　四　研究方法和技术路线 / 019

　　五　研究的创新之处 / 022

■ **第二章　概念界定和相关理论** / 023

　　一　概念界定 / 023

　　二　农业产业化与农业科技培训理论 / 029

■ **第三章　我国农业科技培训的发展历程和现状分析** / 035

　　一　农业科技培训的发展历程 / 035

　　二　我国农业科技培训的现状 / 043

■ **第四章　农业科技培训的供给分析** / 049

　　一　农业科技培训的供给主体 / 049

　　二　农业科技培训的供给模式 / 057

　　三　农业科技培训供给问题分析 / 060

　　四　新西兰的猕猴桃产业发展的经验借鉴 / 064

■ 第五章　猕猴桃主产区农户农业科技培训的需求分析 / 068

一　国内外猕猴桃产业的发展进程 / 068

二　调查方案和数据来源 / 072

三　样本描述 / 074

四　研究假设和模型选取 / 080

五　研究变量的选取 / 083

六　计量模型估计结果及分析 / 085

七　小结 / 088

■ 第六章　农户视角下农业科技培训的绩效评价分析 / 090

一　问题的提出 / 090

二　农户农业科技培训的相关数量统计 / 091

三　农业科技培训经济效益评价 / 093

四　社会效益评价 / 095

五　小结 / 099

■ 第七章　基于因子分析的农业科技培训满意度分析 / 101

一　问题的提出 / 101

二　因子分析在农户培训满意度评估中的
适用性分析 / 102

三　满意度的因子分析指标选取 / 104

四　数据计算及结果分析 / 107

五　小结 / 113

■ 第八章　"多中心"视角下新型农业科技培训体系 / 115

一　运用多中心理论解释农村公共物品多元化
供给的逻辑 / 115

二　多中心理论基础 / 117

三　多元化供给主体的功能 / 119

四　以龙头企业和合作社为核心的多元化主体
新型农业科技培训体系 / 123

五　新型农业科技培训体系的运行模式 / 124

六　新型农业科技培训体系中主体的运行障碍 / 126

■ 第九章　新型农业科技培训体系供给主体的实践与调查 / 128

一　汉中新天地农业发展有限公司 / 129

二　眉县奇峰果业公司 / 133

三　专业合作社带动型新型农业科技培训体系的
调查——第五村猕猴桃专业合作社 / 142

四　小结 / 150

■ 第十章　结论和启示 / 151

参考文献 / 156

附录 1　农业科技服务与培训调查问卷 / 169

附录 2　龙头企业和专业合作社访谈提纲 / 176

致　谢 / 178

第一章 绪论

一 研究背景

我国是农业大国,农村人口占总人口的绝大多数,因此全面提高农村劳动力素质,是农业和农村经济发展乃至整个国民经济持续健康发展的客观需求。农业人力资本理论的创始人西奥多·舒尔茨通过实地研究将美国现代农业的高速发展归结于农民素质的提高。发展经济学的理论也认为,改造传统农业主要是进行人力资本投资。"三农"问题的关键是要提高农民的收入,传统农业生产方式下的农产品缺乏市场竞争力、不能取得应有的效益,农民也不可能从中得到持续增长的收入。农业产业化经营是市场经济发展过程中创新农业经营体制的重要内容,是转变传统农业生产方式、建设我国现代农业的主要途径。农业产业化发展能够克服分割的小农经济的缺陷,在家庭承包的基础上解决农业发展中的一些现实矛盾和问题,调动农民的积极性,使我国农业由传统农业过渡到现代化大农业。发展区域农业主导产业是农业产业化的主要模式之一,它是指围绕区域主导农业产业或农产品,开展初级农产品的品牌创立、加工、贮藏、营销等经营活动,形成以主导农产品为主体同时扩展其增值产业链的一种组织模式。现代化国家的经验表明,一国或一个区域的经济发展往往是由主导产业的高速发展带动起来的(杨公朴、夏大慰,2002)。农业产业化发展首先要解决的也是农业劳动力素质问题,而要解决这一问题,离不开农业技术教育和培训。

自 2004 年至 2014 年的中央一号文件,都从不同视角提出了对农业科技创新、推广及培训的指导性意见。2008 年,中央一号文件提出支持农业产业化和促进优势农业产业发展,着力加强农业科技和服务体系基本支撑的意见,重点支持公益性农业科研机构和高等学校开展农业科技服务。2012 年,中央一号文件进一步指出要"鼓励高等学校、科研院所建立农业试验示范基地,推行专家大院、校市联建、院县共建等服务模式",这对于丰富农村科技培训的内涵和建立健全新型农村科技培训体系具有深远的理论指导意义和实践意义。2014 年,中央一号文件继续强调推进农业科技培训,"加大农业先进适用技术推广应用和农民技术培训力度,发挥高校在农业科研和农技推广中的作用"。这进一步强调了高校、公益性科研机构和农业企业在农业科技推广中的主体地位,以及正确发挥各级政府、市场和社会等多元主体在现代治理中的作用,有助于实现公共利益的最大化。此外,党的十八届三中全会关于《中共中央关于全面深化改革若干重大问题的决定》提出,要"让广大农民平等参与现代化进程,共同分享现代化成果"。我国农业正处在由传统农业向现代农业转变的关键时期,面临缺乏竞争力、比较效益低下、基础脆弱和后劲不足等问题。这些问题的解决要依赖于农业产业化的实现和农业科技培训体系的逐步完善。现代农业的发展需要具备农业科学技术的新型农民,新型农民的培育有赖于新型农业科技培训体系。因此创新农业科技培训体系是提高农民综合素质和实现农业现代化的必然选择。

猕猴桃是中华猕猴桃栽培水果的称谓,也称猕猴梨、藤梨、阳桃、木子与毛木果等,因其果实肉肥汁多、清香甜美、甜酸适中,有"超级水果"的美誉。其鲜果在常温下可存放一个月,在低温条件下可以保鲜五六个月。除可直接食用鲜果外,还可以加工成猕猴桃果汁、果酱、果酒、糖水罐头和果干果脯等,别具风味且营养价值不低于鲜果。目前，世界上有 30 多个国家栽培猕猴桃，主要有中国、新西兰、意大利、智利、美国、法国和日本等。其中新西兰和意大利一直保持较高的猕猴桃市场占有率。近年来，智利和希腊等国家的猕猴桃产业也开始复苏。过去十年里，世界猕猴桃的种植面积相对稳定。一些国家的种植面积不变，如新西兰和希腊；日本、美国加州则种植面积下降，分别下降了 20.6% 和 36.0%；意大利、智利的种植面积大幅增加。2010 年，世界猕猴桃栽培总面积达 15.6 万公顷，产量约 181.0 万吨。我国猕猴桃种植面积和产量均居世界第一，种植面积为 7 万公顷，占世界种植面积的 45.0%；产量为 44.8 万吨，占世界总产量的 25.0%。从种植品种来看，国外栽培的猕猴桃品种比较单一，95.0% 以上的为海沃德品种（杨肖勤、石英、裴成荣，2012）。

我国是世界猕猴桃生产大国，产量自 2003 年以来，一直处在世界第一的位置。自 20 世纪 70 年代后期陕西开始猕猴桃商业化种植以来，猕猴桃产业逐渐成为陕西省独具特色和竞争优势的水果产业，也是陕西继苹果产业之后又一个具有竞争优势的富民农业产业。2011 年，陕西省的猕猴桃种植面积达到 90.9 万亩，产量 62.9 万吨，分别占到了全国的 45.0% 和 60.0%，猕猴桃主产区果农人均猕猴桃纯收入高达 7000 元。2012 年，陕西省的猕猴桃种植面积超过了 100 万亩，总产量达 80 万吨，分别占全国的 55.0% 和 70.0%，且两项指标均占全球的 1/3 以上。猕猴桃不仅是陕西省农业产业化的主导产业，也是国家 2007～2015 年农业部规划设计的优势特色农产品。

综合上述分析可以得出，伴随着区域主导农业产业的发展，我国农业正在由分散、原子化的单一农户生产经营方式向规模化、集约化的农业产业化经营方式转变。传统的政府主导型农民科技培训由于缺乏与市场对接的有效机制，不能适应农业现代化和产业化发展的趋势，造成了农民科技培训的有效供给不足。新型农民科技培训的关键是农业成为一个充满活力并且有利可图的产业（陆俊杰，2013）。就培训论培训并不能对新型农民科技培训产生本质性的推动作用。我们必须基于农业产业发展的实际情况来研究新型农民培训问题。本书以陕西省猕猴桃产业的发展为背景，依据不同类型主体的农业科技培训供给和猕猴桃种植户的实际培训需求，评估现行农业科技培训的实施效果，分析供需失衡的现象和原因，探索供需均衡的新型多中心农民科技培训体系和运行机制，以适应现代农业规模化、集约化、产业化发展的趋势。

二 研究目的和意义

（一）研究目的

我国现有关于农业科技培训的理论和政策很少能够围绕区域主导的农业产业展开，更多的是针对不同类型农民或者各种培训项目，且多数停留在指导层面，实践性不强。在农业生产由计划导向向市场导向的转变中，与传统农业不同，农业产业化发展通过广泛推广与应用农业科学和技术，使新型农民能够充分、合理地开发和利用自然资源和社会资源，以促使农业生产要素实现最佳流动和合理配置，最终实现将农业向高产出、高品种、高收益的方向发展。农业科技培训只有与农业产业链，特别是区域主导产业相结合，才能发挥农业科技对生产力的推进作用，提高农民的综合素质，促进农业的增产增收，从而实现农业科技培训的有效供给和农业产业的可持续发展。

猕猴桃素有"水果之王"的美誉，因其风味独特、营养丰富、酸甜适口，深受国内外消费者的青睐。陕西省猕猴桃产业的发展具有得天独厚的资源优势和广阔的国内外市场，经历了30多年的发展后具备了一定的产业基础。在农业产业化发展和经营不断深入的背景下，陕西围绕区域主导的猕猴桃产业开展了多种形式的农业科技推广和培训工作。然而，传统的自上而下的农技推广与培训体系及其运行模式已不能为农户提供符合产业化发展需求的农业科技培训，这表现在作为农业经营活动主体的农户在猕猴桃产业快速发展的过程中迫切需要农业科学技术知识，但政府对科技培训的投入并未取得预期的效果。因此，改革和创新农业科技培训体系成为农业经济可持续发展的必然选择。综上所述，本书的研究目的主要有以下三点。

（1）对国内外猕猴桃产业发展历程、形成原因和现状进行综合分析，利用实地调查资料，阐明农业科技培训体系在猕猴桃产业发展中的重要地位和作用。

（2）基于关中猕猴桃主产区 948 个猕猴桃种植户的调研数据，分析猕猴桃主产区农业科技培训的供给效果，深入研究农户的实际培训需求，探索陕西省猕猴桃主产区农业科技培训供需失衡的原因。

（3）通过陕西省眉县涉农龙头企业的案例，探讨农户对服务于猕猴桃产业发展的新型农业科技培训体系和模式的接受度及该体系的可行性。

（二）研究意义

1. 理论意义

（1）创新农业科技培训体系和模式将进一步完善多中心理论。奥斯特罗姆夫妇的多中心治理理论是在对农村公共池塘资源进行实证研究的基础上提出的。多中心治理为我国农村公共产品和服务提供了新的治理模式，是中国农村事务治理的一种现实选择。通过陕西省猕猴桃产业的发展状况和实地的农户调查，本书提出以涉农龙头企业为核心、多中心治理的新型农业科技培训体系。龙头企业按照市场需求，协调政府、高校、科研院所提供农业产业发展和农户所需的农业科技知识。这既是多中心理论为实现农村公共产品和服务有效供给提供的新途径，同时也进一步丰富和完善了理论本身。

（2）丰富了我国农业科技推广和教育培训理论。在全面界定农业产业化经营、新型农民、农民科技培训、培训体系和培训模式等概念的基础上，本书从农业经济学、管理学和农村社会学的综合视角，对现有的研究成果进行梳理、比较和分析，在农业产业化经营视域下探索构建服务于猕猴桃产业的新型农民科技培训体系框架，为进一步建立健全新型农民科技培训体系提供理论依据。总结现有农民科技培训供给模式及其特点，构建模型对农民科技培训的影响因素进行分析，为选择符合新型农民发展需要的新型农民科技培训体系提供参考路径，这对进一步丰富我国农民教育培训理论、农业经济学和发展经济思想理论具有深远的理论意义。

2. 实践意义

（1）实证分析猕猴桃主产区农业科技培训的供给与需求问题，有利于提升农户的综合素质和科技知识水平。本研究以猕猴桃产业为例，运用访谈法和问卷调查法从公共产品的供给和需求方面研究陕西省猕猴桃主产区的农业科技培训体系问题。农业产业化的前提是农业科技被广泛应用，没有高素质的新型农民，就不可能完全实现农业产业化经营。因此，分析农业科技培训的供给和农户实际需求不匹配的具体问题有利于科技培训体系的创新和高素质新型农民的培育。

（2）围绕区域主导农业产业构建新型农业科技培训体系，有利于我国农业的可持续发展。现代农业经营方式是以规模化、标准化、集约化和市场化大生产为特征的，而我国目前农业发展的基本情况是以户为主、碎片化生产、分散化经营。猕猴桃作为经济类农作物，对栽培技术的要求较高，市场对其的质量选择性强。

在以一家一户为主的传统农业生产方式下，不同农户生产的猕猴桃品质参差不齐，很难完全适应国内外市场尤其是国际市场的需要。具有现代农业特征的农业产业化生产方式，需要农业科技的重要支撑，新型农业科技培训体系的构建和实践将有力地推动区域主导农业产业的可持续发展。

（3）推动陕西猕猴桃产业发展和农民生产生活方式的改善。陕西省委、省政府为扶持猕猴桃产业的发展，给予了相关政策支持和资金保障。近些年来，猕猴桃产业发展迅速，种植面积不断扩大，但在产业发展过程中仍存在诸多限制因素，导致猕猴桃产量及果实质量不稳定、后期存储技术缺乏、市场销售网络不健全等问题，这影响了农户的经济收益和猕猴桃产业的可持续发展。因此，猕猴桃产业相关科学技术的培训与推广应用将会有力地推动陕西猕猴桃产业发展，提高农户知识水平，进而改善农民的生产生活方式。

三　国内外研究综述

（一）农民培训的国内外研究进展

国外关于培训理论的研究源于 20 世纪初"科学管理之父"泰勒，他在《科学管理原理》一书中提出的科学管理四大原则之一就是对工人进行教育培训使之成长。在此之后，1913 年，雨果·闵斯特伯格出版了《心理学与工业效率》，强调教育培训的重要性。总体而言，早期的培训理论大多强调进行教育培训的重要性。现代培训理论从赛耶和麦格希的培训需求分析理论开始，一直沿用至今。人力资本培训理论的代表是西奥多·舒尔茨，他在《论人力资本投资》一书中论述了带动者知识和技能的提高对经济发展的贡献高于物质资本，对人力资本投资的收益远大于物质资本投资的收益；之后他在《改造传统农业》中提出要实现农业的现代化，必须具备两个重要条件，即相配套的农业制度（制度的现代化）和造就新型农民（农民的现代化）。

1. 国外农民培训经验研究

（1）关于农民培训的模式。关于农民培训，较为成熟和典型的农民培训模式有三种。第一，实施多层次培养的东亚模式。东亚人均耕地较少，很难形成较大规模的土地经营。此类模式以国家政府为主导、立法为保障，通过不同层次和类型的培训主体对不同的培训对象进行多层次、多主体、多种形式的教育和培训。例如，韩国建立了"四 H"教育、农渔民后继者教育和专业农户教育等多层次的农民教育培训（杨正洲等，2005）。联合国粮农组织（FAO）最先在东亚成立农民田间学校（FFS），对农民进行知识的传授和科技技能的培训，帮助农民学习如何实现农业的可持续发展。M. Odendo 和 G. Khisa 通过研究 FAO 在肯尼亚的试点发现，学习了除草技术的农户产量相对较高。这些案例都凸显了农民培训的重要性（Khisa，2011）。第二，奖励与考核相结合的西欧模式。处于温带海洋性气候下的西欧以畜牧业、林业、种植业以及渔业为主，主要以家庭农场为主要经营单位进行农业生产。农场规模小而分散，但是先进的科学技术与发达的现代信息技术，将各级政府、农业学校及科研单位、农业协会有机结合，形成义务教育、职业教育和在职培训等多种形式的西欧模式，代表国家主要是英国、法国和德国。如英国颁布了《农业培训法》并且设立了严格的奖励与考核制度以保证培训的质量与效率。第三，规模经营与机械化三位一体的北美模式。北美农业专门化、商品化和机械化的程度都比较高，耕地多且集中，农业人口少且机械化程度高，形成了以农业机械化与规模化经营为主要特点，以农学院为主导的农业科教体系，实现农业科技创新、农业科技推广与农业科技培训三者的有机结合，代表国家是美国（马超、张义兵，

2008）。

（2）关于农民培训的保障机制。政府对保证农民培训工作有效有序地进行起到重大作用，国外一些政府通过一系列的政策和立法，以法律条文的形式支持农民培训。美国学者 W. W. Cochrane（1957）分析了公共财政投入与农业科教体系的关系，指出国家财政的支持力度对于农民教育和农业教育至关重要。汪广荣（2007）强调在政府的支持下，农民是新村运动的主体力量，在政府支援下，几乎所有部门都应该参与新村开发。政府在农民培训过程中起着关键作用。

1914 年，美国 *Smith-Lever Act*（《史密斯利费法》）在各州设立培训站为农民提供多种形式的培训，推动农业科技迅速转变为生产力。法国相继制定了《农业指导法》和《2000—2006 年全国农村发展计划》，这些法律和文件的颁布进一步为农民培训提供了保障机制。澳大利亚 1975 年的《技术与继续教育》和 1990 年的《澳大利亚培训保障法》为农民的培训提供了法律依据。其规定了农民培训经费的投入，一般每年每个农民有 6000 澳元的培训补助，并要求年收入 25 万澳元以上的农场雇主将其工资预算总额的 15%投入农业科技培训。这保障了农民培训的资金投入，为农民培训的开展和有序进行奠定了坚实基础（邓志军、黄日强，2004）。

M. A. Burton（1994）通过组织农民参与灌溉管理角色游戏，使农民在游戏中体验交互技术、社会、经济以及政治体系之间的关系，使人们更加关注机构人员与农民沟通的重要性，在培训中增进认识。Hashemi 等（2012）通过观察对 155 名农民使用 22 种农用杀虫剂的安全培训，发现农民受正规教育是很重要的，不同年龄段的农民对培训的需求不同。

2. 国内农民培训的研究综述

我国的农民培训可以分为两个阶段，一是新中国成立以前对相关农民培训的探索，二是新中国成立后农民培训的发展。从 20

世纪二三十年代开始，关于农民培训的探索主要有：黄炎培提出在农村推行职业教育；陶行知将平民教育和职业教育相结合；晏阳初主张对农民实行技能培训；梁漱溟在山东邹平开展的乡村建设运动，强调农村教育和农民培训的重要性；毛泽东思想也对农民培训产生了深远影响。新中国成立后，1955年农业合作化运动以及1958年各类夜校都促进了农民培训的开展；"文化大革命"期间，农技推广虽遭破坏但还有地方性的探索，如"农业学大寨"，也培养了农民技术队伍；改革开放后，农村职业学校发展迅速，从1979年起国家提出对县一级的农业推广进行重点发展，农业广播电视学校、农业科技项目的推广对农民培训起到了重大作用；2005年我国共培训农民250万人，2006～2010年，平均每年培训农民600万人，农民培训有重大发展。下文将从以下几方面进行综述。

（1）农民培训模式研究。赵正洲等（2005）从理论分析的角度对我国农民培训进行了比较全面的研究，总结出现行的培训模式包括现场传导型、典型示范型、项目推动型、能人培育型和媒体传播型等。赵邦宏等（2013）指出农民培训模式可以分为"三类十一型"，即政府主导类、政企配合类和市场运作类共三类，其中再分为工程型、院校培育型、远程教育型、创业扶植型、文化活动型等十一型。殷瑾等（2012）提出加强学员与培训师之间以及学员相互之间沟通交流的分散式培训方法。

（2）农民培训体系研究。韦云凤和盘明英（2006）认为在政府政策支持方面，国家应以立法规范农民培训，给予相应的资金支持，并鼓励社会力量的投入；在培训的组织管理方面，由农业部牵头将与现有农民培训相关的部门协调起来，建立健全的农民培训机构和资质认证；在运行模式上，通过涉农龙头企业和专业合作社开展培训，培训的方式主要有讲授、现场观摩、田间示范和入户跟踪指导等；在教学体系方面，应注重将农村的基本教育与职业技术教育相衔接。张峭和徐磊（2009）根据农民培训的供给和需求构建出中国农民培训体系框架，主要包括培训需求分析、培训的供给情况和农民培训外部环境三部分。也有学者认为要构建农民培训体系，就要统一领导统筹规划、大力推进培训机制创新、发挥农业高等院校等的作用。

（3）关于培训需求的研究。培训需求是农民培训的关键问题，因为只有先了解清楚农民的培训需求，才能有针对性地对需要的知识技能进行有效培训。张彤等（2008）运用定性和定量的研究方法对农民培训需求进行调查，发现农民培训在内容、方式、费用等方面亟待改革。农民受教育程度低、政府的宣传不到位、组织缺位等因素使农民的许多培训需求得不到满足。从需要的内容上来看，传统农区农民对种养技术培训、非农就业培训和创业技能培训需求比较大；而在逐渐脱离传统农业生产的地区，农民对管理、创业、电脑等知识表现出更强的学习意愿。

（4）关于培训机制研究。有序运行的农民培训机制是农民培训的基础和前提。在经费投入机制上，有学者提出社会各种力量共同担负，也有人提出建立"培训券"制度。在管理机制上，有学者提出市场化长效机制，整合资源，加强各个环节联系。在宏观决策机制上，要民主化和科学化，建立社会各界广泛参与、程序规范的培训决策机制（邓东京、饶异伦，2008）。

（5）关于农民培训评估研究。农民的培训评估能检验农民培训的效果，也能为农民培训提供宝贵的经验与教训。高翠玲（2010）认为农户的收入不能真实反映农民培训的效果，需要全面评估农民的培训并总结了农民培训评估应该由三部分构成：需求评估、过程评估和效果评估。在此基础上可构建由是否需求调查、需求的满足度、农户的满意程度和组织化程度4个层次，以及关于人才效益、经济效益和社会效益等31个指标组成的农民培训评估指标体系。刘红燕（2009）从政府、学校和失地农民三方面出发，提出条件评价、绩效评价，以及"合作—制约立体链"的评价模型。

（二）农业产业化的国内外研究进展

为推动农业现代化进程，一些发达国家在 20 世纪 50 年代已经开始农业产业化。Drabenstott（1995）认为农业产业化发展正在成为被高度关注的话题，农业生产经营方式已经发生了巨大的改变，但农业公共政策和相关服务落后于农业生产的发展。Lynne（2002）的研究表明随着农业产业和农业技术的快速发展，农产品的数量有明显的增长。但也有学者认为农业产业化进程中规模化种植和生物技术的使用会造成生物多样性的丧失（Jackson，1998）。Ming（2003）通过对新时期农业的特点和所遇到问题的分析，指出加快农业技术创新是促进农业产业化发展的关键。Dong 等（2011）在农业产业化发展的视角下研究了农民分化问题，表明地域、社会网络资本、公共政策是农民转化为农业经纪人和企业家的主要影响因素。Cui 等（2012）指出现代农业发展的制约因素主要有金融、农业科技和农业基础设施建设。增加农业投入、加强农业科技的研发和普及以及建设农业基础设施都将极大地推动现代农业的发展。因此，应该在坚持确保粮食安全的基础上，加快体制机制的创新、因地制宜地引导农业产业的发展。

雷玉明（2010）认为产业化在国外主要有三种形式，分别是完全一体化、合同一体化和农业协会，具有代表性的国家是美国、巴西和日本。美国农业实施一体化经营，其一体化的模式主要有三种：垂直一体化农业公司、合同制经济联合体和合作社的一体化经营。这三种不同类型的农业一体化模式，共同构成了农工商和供产销一体化的现代农业生产体系。美国联邦通过《联邦农业改良及改革法案》，提出要探索更高级的技术扩展农业产业链来提升美国的农业竞争力，促进美国农业产业化过程的可持续发展

（Kugler，1997）。日本具有农业协会企业一体化的是日本农协，其为农业、农村、农民组织为一体的综合型社区组织。农协共同采购生产生活资料，销售农副产品；提供信用业务；筹集资金，办理农业保险；发展农业基础设施等。农协有政府立法支持，以兴办实体为支撑并有健全的组织，对日本农业的发展起到重大作用。巴西拥有具有政府参与特征的农工联合企业。政府起到重大作用：一是采取鼓励性的政策措施，二是直接参与建立农工企业。张百放等（1998）也对这三种农业产业化生产模式进行了详细分析，并结合我国实际进行比较。蔡荣等（2007）则将发达国家的农业产业化经营模式分为六种类型，并得出对我国农业产业化的启示。下面将从农业产业化与传统农业的区别，农业产业化的基本特征、农业产业化组织形式研究以及农业产业化龙头企业等四个方面阐述关于农业产业化的研究进展。

（1）农业产业化与传统农业的区别。方军（1998）认为发展中国家对传统农业的改造是实现国民现代化的基础和前提，而农业产业化是适合中国农村和农业生产传统改造的方式。杨文钰认为农业产业化与传统农业的主要区别体现在：传统农业是自给和封闭的一个产品生产方式，农业产业化则是一种新型的农业生产和经营方式；传统农业是分散的、超小规模的家庭生产方式，而农业产业化是实行规模化布局、确定主导产业联合成专业化生产形成规模优势；在生产管理方面，传统农业不是一个完整产业，产前产后是分割的，其完全依靠政府来进行，而农业产业化是多元化、多层次的，按现代企业管理模式运行；在产品形式和销售方面，传统农业所生产的产品大部分直接用于农业人口消费，商品率和经济效益都比较低，而农业产业化多是经过深加工形成高一级的产品以进入市场并获得较高的收益。

（2）农业产业化的基本特征。谭静（1996）从不同角度对农业产业化进行了归纳总结，认为农业产业化的特征是农业生产手段的现代化、生产技术科学化和组织管理科学化；在纵向上产供销一体化，在横向上是资金技术人才的集约经营等。农业经济问题杂志社也对农业产业化的特征进行了详细叙述，与谭静的观点基本相同。仇坤（2008）认为农业产业化的五个基本特征是生产专业化、经营一体化、管理企业化、布局区域化。生产专业化，就是规模化生产，对土地资源适度调整，实行种养、产供销和服务等产业链相连接的系列化经营，形成产品产业优势；经营一体化，即产供销一条龙，农工商一体化综合经营；管理企业化，即实行规范化经营，形成严密的核算体系，为正确处理公司与农户间利益提供制度保证；布局区域化，即按照区域的比较优势进行资源配置形成主导产业连片发展。

（3）农业产业化组织形式研究。目前农业产业化中最基本的组织形式是龙头企业带动型，即"公司＋基地＋农户"的组织形式。农业龙头企业与生产基地以及农户通过契约，结成紧密的一体化的农业生产体系。这种形式弥补了"公司＋农户"直接联合方式在管理上的问题，其中又分为纵向和横向两种。纵向组织将农业生产者同其产前、产中、产后的相关企业在经济和组织上结为一体，代表类型有企业集团型、工商企业带动型和合同约束型。而农业产业化的横向组织则是把分散的从事小生产的众多农业生产者在维持独立性的基础上结为一体，实行资金、生产技术、农业人才等方面的横向联合，主要包括社区合作组织，专业合作组织，科、农、工、贸一体化合作组织三种类型。除此之外，还有学者进行了不同研究，如"合作社联农户"，其实质是形成两种模式，即"公司＋合作社＋农户"格局和"股份公司＋入股农户"模式。刘怀珍（1998）按照产业化中的主体——农民是否能够独立决定自己产品的生产、销售、经营、加工的情况，将实践中产生的集中组织分为半独立型、基本独立型和完全独立型三种。张润君和吴强（2002）提出我国农业产业化应以外部牵引型组织模式为主，主要有农户自组织型、龙头企业带动型、政府主导型和科技服务型等形式。沈雅琴（2005）则分析了农业产业化组织演进过程以及运行效率。此外，也有人主张加强农业产业链的信息化，针对农民需求集成、延长产业链，在产前、产中、产后分别进行信息化指导（He，Hua，et al.，2012）。还有学者通过实地考察，提出要通过有效的评估实现项目管理、资金使用、综合评价、输出效果科学化，进而建立产业化项目评估体系（Du，Wu，et al.，2013）。

（4）农业产业化龙头企业。发达国家农业产业化发展水平比较高，在利益连接、标准化生产以及农业国际化方面都做得比较好。傅青等（2007）指出发达国家的龙头企业能把分散的农场或者农户通过市场或服务连接起来，在利益上形成紧密、相互依赖的销售服务体系。这样，企业效益提高了，农户的收入也整体提高了。他们认为发达国家龙头企业在优化农业产业化结构方面也成绩显著，并以美国的蔬菜种植销售为例进行了阐述。龙头企业实施标准化生产，整体上促进了本国农业的发展，并以德国农业企业标准化产生的最佳秩序和效益以及美国农药残留监测工程为例进行说明。在对外开放、加快国家化进程方面，农业产业化龙头企业也做出了贡献，龙头企业的跨国经营，使资本不断扩张，并以英国的希尔斯顿公司为例进行分析。另外，王旭和张国珍（2005）也从侧面提出国外龙头企业规模较大，有明显的主导产业可形成产业优势，各地之间存在良性的竞争。因此，发达国家的农业产业化龙头企业整体上规模大、带动能力强，具有明显的产业优势。

龙头企业指的是在具体某个行业中，对行业中其他企业具有深远影响和一定的示范带头作用，并对该区域、行业或者国家做出重大贡献的企业。它包括生产加工企业、中介组织和专业批发等流通企业。农业产业化龙头企业是从事农业种植业、养殖业等的生产、加工和销售，并通过相应的利益连接机制，与农民结成相对稳定的关系，实施农产品的生产、加工、贮藏和销售一体化的加工或流通企业。在农业产业化发展过程中，龙头企业的数量和实力不断增长，国家的政策扶持力度也越来越大，但同时存在一些问题，如整体实力偏低，覆盖面较窄、发展还处于起步阶段，带来的经济效益相对偏低、没有形成足够的控制力，产业集群的形成过程缓慢、对龙头企业的发展缺乏统一规划，没有形成有效的合作机制（曲建勋，2005）。在当前的国内外市场背景下，农业产业化经营及龙头企业的发展面临机遇的同时也经受严峻的挑战，而政府要做的就是予以引导和大力扶持。

进入 21 世纪以来，龙头企业更是发展迅速。我国目前农业龙头企业的数量和实力增长较快，截至 2002 年，农业产业化龙头企业的营业额达到 1042 亿元。我国农业产业化龙头企业的分布不均，东南沿海是其主要分布区，而中部和西部地区龙头企业的数量、规模都比较小。农业产业化龙头企业的发展具有显著的地域性，但随着时间的推移，龙头企业已经向着多样化方向发展；各级财政对农业产业化的支持力度在不断增强，呈现国际化经营发展势头（张维达、王连忠，2008）。周中林（2005）指出我国龙头企业具有科技性、公益性、综合性和开放性四个明显的特征。除了整体描述农业产业化龙头企业外，王晓旭研究了杨凌示范区农业产业化龙头企业，指出龙头企业发展状况与固定资产规模成正比，与企业投资金额成正比，却与带动农户数量成反比。

随着农业经济的发展，农业产业化龙头企业的竞争力得到很大提升。相关数据显示，2009 年，894 家国家重点农业产业化龙头企业资产总额达到 1.19 亿元（赵海，2012）。销售收入达到 1.43 亿元，这表明龙头企业在促进农业经济发展方面起到一定的积极作用。但是总体来说我国龙头企业的竞争力还是不够强。李军岩等（2011）指出目前农业产业化龙头企业存在以下问题：辐射性

较弱、科技贡献率较低、信息化程度不高。王爱群和郭庆海
（2008）认为农业产业化龙头企业的竞争力来源于具体的生产经营
活动，不仅要研究其自身的价值链，还要研究供方、买方等的价
值链。他利用主成分分析法设计出一套龙头企业竞争力的评价方
法，并对全国 31 个省（市、区）进行了排名；他还对吉林省 76
家农业产业化龙头企业竞争力进行了分析，指出要提升龙头企业
盈利能力、扩张能力等。李燕琼和张学睿（2009）构建了涉农龙
头企业价值链模型，认为农产品基地建设、农产品质量的提高、
营销能力、社会资源开发等是价值链上的关键内容，进而提出一
系列诸如非核心业务外包、横向一体化等战略措施。

在农业产业化龙头企业发展的过程中，企业融资是其面对的
一个严峻问题。尽管各地政府部门联合银行逐步在解决这个问题，
不断为龙头企业的融资创造便利条件，但是融资难问题依然存在，
尤其是落后的西部地区。李婵和刘小春（2013）认为龙头企业在
融资过程中，融资意识普遍薄弱、方式较为单一、担保不够完善
以及偏好不尽合理等问题制约了龙头企业的融资。罗哲和曲玮
（2011）针对甘肃省的调查认为龙头企业融资困难的原因在于：经
济与政策环境不利、政府支持力度不够、金融体系运作与规则不
利以及龙头企业自身发展能力不足。他还有针对性地提出了解决
对策，认为政府要加大支持力度，人民银行要激励、引导商业银
行，使其在贷款方式、服务手段等方面进行创新。郑慧娟（2012）
选取了甘肃省 21 户龙头企业进行调查，发现融资困难是制约甘肃
龙头企业发展的主要瓶颈，并对企业融资特征进行了总结，同时
提出了发展对策。

（三）新型农民和农民科技培训体系的研究综述

1. 关于新型农民的研究

早在 1964 年，国外就有学者提出了新型农民的概念。Weintraub（1964）从居住区域、社会形态和农户能力三个方面定义了新型农民，并认为合作社是新型农民产生和发展的重要组织。Hamilton（2010）基于美国农场的调查研究指出应从公共政策和法律两个方面支持新型农民的发展。Corum 等（2001）指出了新型农民在农产品市场中的经营者角色。Mailfert（2007）分析了互联网对新型农民从事农业生产的作用，以在法国开办农场为例阐述了网络在快速整合资源方面的功能。在农业产业化经营的背景下研究新型农民的观点认为：农业产业化和新型农民的发展使农产品的品种越来越单一，应从植物遗传学的角度进行"原产地认可"以保护品种的多样性（Salazar, et al., 2007）。还有的学者认为在农业现代化和产业化发展进程中，新型农民的综合素质是保证食品安全的主要因素（Hamilton, 2011）。

2. 关于农民科技培训体系的研究

（1）关于农民科技培训主体研究

孙敬国等（2013）的研究将农业科技培训的主体分为政府、培训机构和农民三类。其中，政府是农民科技培训的推动者，应从培训理念、培训体制机制、培训经费投入和培训相关配套政策四个方面进行宏观把控。培训机构是农民培训的实施者，应从基层培训机构建设、培训目标、培训内容、培训方式及培训师资五个方面进行服务。作为农民培训的接受者——农业生产者，则应从对科技培训的认识和文化素质两方面展开学习。他还认为农民科技培训的趋势是加强对农民科技培训财政支持政策的分类界定，分析和评估不同机构的实施效果并分析各类科技培训需求。马云启（2012）认为农民科技培训有三个需求主体：一是宏观需求主体——政府，既是培训提供者也是利益主体；二是中观需求主体——企业，主要追求经济利益；三是微观需求主体——农民，他们是最基本的利益主体。Thompson 在 1999 年对农业科技培训教师的调查表明，在高中阶段生物课和物理课的基础上增设农业科技类课程，这有利于培养学生解决问题的能力和对农业的兴趣。Thompson 在 2001 年对农业院校的调查表明，农业教育改革的核心是整合教育资源以及加大政府对农民教育的资金投入。

（2）关于农民科技培训的形式、路径研究

房桂芝（2012）对山东部分地区的调查表明，农民获取农业科技信息的主要渠道是电视和人际媒介。由于农民自身内生力不足，所以当前政府要推动构建多层农民科技培训网络，还要发挥专业大户的辐射作用以及吸引社会力量广泛参与农民科技培训。郝婷（2012）列举了农民科技培训的具体形式，如农业部组织实施的新型农民科技培训工程、阳光工程以及以高校为依托实施特派员示范培训工程。其中，特派员示范工程就是将带着项目资金的年轻科技干部派到贫困边远地区开展科技扶贫的一项政策。

四 研究方法和技术路线

（一）研究方法

根据研究的主题和内容，本书将结合定性分析和定量分析开始实际研究工作。首先，采用定性分析确定本研究的思路和理论框架，通过文献检索系统和网站查阅国内外农业科技培训的现状、模式、方法和机制等相关文献资料，厘清国家关于农民科技培训的政策法规。其次，在定量分析中利用大量第一手的实地调研数据，对农民科技培训需求及其影响因素展开分析，探索实现农民科技培训供需均衡的新机制。本研究重点针对陕西省猕猴桃产业相关农业科技培训的供给能力和农户的实际培训需求，建立 Logistic 二元回归模型和有序 Logit 回归模型进行分析。运用个案分析的方法，研究农业专业化龙头企业和农业专业合作社在新型农业科技培训体系中的核心作用。具体研究方法如下。

（1）文献分析法。文献分析是获取有关研究对象信息资料的一条重要途径。对具体社会经济问题的研究必须了解和掌握以往的相关研究成果，以借鉴学者对这类问题的观察和研究。文献分析的种类繁多且在不断完善，本书围绕猕猴桃主产区新型农业科技培训体系构建的主题，主要采用了传统分析和内容分析的文献研究方法。当然，由于文献分析法的局限性，在社会研究中仅仅依靠文献法是不够的，因此本书还结合了其他研究方法，以取得更好的研究效果。

（2）问卷调查法。国内外专家普遍认为，现代社会调查研究方法等于问卷加抽样。问卷调查法作为现代定量分析研究的主要方法在实证研究中发挥着重要的作用。从国内外学术研究的发展看，无论西方国家还是中国，问卷调查都是学术性研究的基本方法。本书在陕西猕猴桃主产区采用入户问卷调查方法，抽样方法是多级整群抽样，取得有效问卷948份。

（3）访谈法和案例分析法。访谈法是通过与被访问对象进行交流，利用面对面的沟通交流，了解被访问对象的行为动机、人格特性以及有关事实真相的一种定性分析方法。访谈法具有双向沟通、控制性强、适用性广和成功率高等特点。本书通过对涉农龙头企业负责人和相关工作人员的直接访谈，开展典型案例分析，论证以龙头企业和合作社为核心的新型农业科技培训体系的可行性。

（4）统计分析法。运用问卷法和访谈法收集到的大量零散的资料，需要进行统计分析才能成为理论分析的有效数据。社会问题研究中的统计分析就是运用统计学方法，通过对社会现象的量的规定性分析来把握社会现象质的规定性。本书对农业科技培训绩效评估进行了统计分析，主要包括培训质量、经济效益和社会效益三个方面。本研究根据相关统计数据，运用STATA 10.0软件，采用多元线性回归计量模型分析农户对农业科技培训需求的影响因素。

（二）技术路线

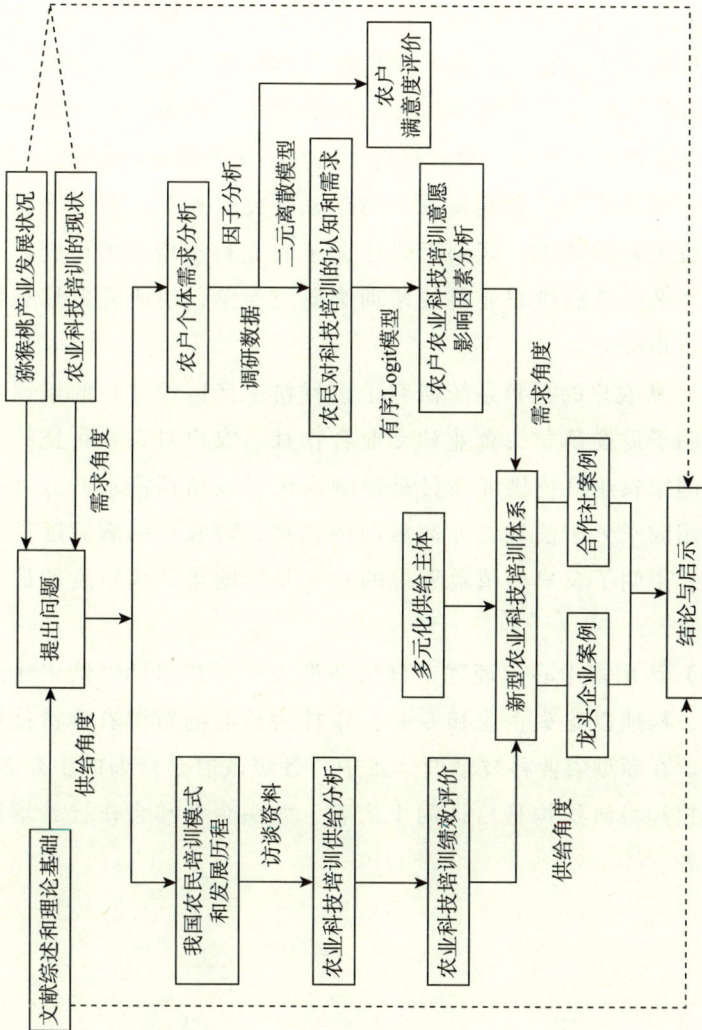

图 1-1 技术路线

五　研究的创新之处

在大量调研数据的基础上，本书运用农业推广框架理论、多中心治理理论为理论，以多元化供给主体的逐步出现为背景，通过陕西省猕猴桃主产区农业科技培训的供给与需求分析，对新型农业科技培训体系和运行模式进行了研究，主要创新点如下。

（1）基于农业产业化发展的背景，研究服务于区域主导农业产业的农民科技培训。区别于以往关于农业科技培训的研究，本书以主产区的猕猴桃农业科技培训为研究对象，使研究更具有针对性和实践价值。

（2）从农户的视角系统研究了猕猴桃主产区种植户的培训需求，说明了猕猴桃龙头企业和专业合作社、农户对农业科技的态度以及国家农业科技培训项目是影响农民科技培训需求的显著因素。运用因子分析法和二元离散回归模型，对农户的满意度进行了分析，说明了农户种植猕猴桃的收入是影响培训满意度的最重要的因素。

（3）运用多中心治理理论分析新型农业科技培训供给主体的多元化，构建以龙头企业和专业合作社为核心的新型农业科技培训体系。在新型农业科技培训体系中，各级政府是培训的中介者、农业院校和科研机构是培训的生产者、龙头企业和合作社是培训的提供者。

第二章　概念界定和相关理论

一　概念界定

（一）农业产业化经营

（1）农业产业化。农业产业化的概念最早是在1993年山东省农委的专门调查组向山东省委、省政府提交的《关于按产业化组织发展农业的初步设想与建议》报告中提出的，即按产业来组织和发展农业。在此之后，时任国家体改委副主任的张皓若在全国农业产业化座谈会上提议按照产业化组织发展生产，实质就是按市场经济发展的要求，以市场需求为导向、以提高经济效益为目的、以农业资源开发为基础，在坚持家庭联产承包责任制不变的原则下，对农业主导产业和产品，按产供销、贸工农、经科教一体化经营原则，实施多层次、多样式、多元化组合，发展具有特色的产业。它既是把现代农业和农民引向市场的有效组织形式，也是农村经济管理体制的改革和创新。

《人民日报》社论中对农业产业化的定义是，以国内外市场为导向，对区域农业的支柱产业和主导产品实行区域化布局、专业化生产、一体化经营、社会化服务、企业化管理，把产供销、贸工农、经科教紧密结合起来，形成一条龙的经营体制（《论农业产业化》，1995）。在学术界，农村产业化被界定为市场化、社会化、集约化农业。牛若峰在《农业产业一体化经营的理论与实践》一书中认为农业产业化是市场经济环境下现代农业的基本经营形式。实现农业产业化经营必须是以市场为导向、以龙头企业为依托，将产前、产中、产后等环节联合为一个完整的产业体系，是农户分散的小生产转变为社会化大生产的主要形式。

（2）农业产业化龙头企业。我国的农业产业化龙头企业十几年中在政府的扶持下取得了不错的发展。早在 2000 年，《中共中央、国务院关于做好 2000 年农业和农村工作的意见》（中发〔2000〕3号）中就提出："国务院有关部门要在全国选择一批有产业基础、有区域优势、有市场前景的龙头企业作为国家支持的重点，各地也要抓好做好这项工作，以此带动农村致富和经济发展。"之后，为贯彻落实这一精神和要求，农业部、国家计委、国家经贸委、财政部、外经贸部、中国人民银行、国家税务总局、中国证监会印发了《关于扶持农业产业化经营重点龙头企业的意见》（农经发〔2000〕8号）。《意见》指出，扶持重点龙头企业是推进农业和农村经济结构战略性调整的需要，并且提出了扶持重点龙头企业的标准和政策。为切实做好农业产业化国家重点龙头企业的认定、运行监测和指导服务工作，进一步提高龙头企业的辐射带动能力，农业部、国家发改委、财政部、商务部、中国人民银行、国家税务总局、中国证券监督管理委员会、中华全国供销合作总社根据我国现代农业发展的新要求和农业产业化发展的新情况，在 2010年又印发了《农业产业化国家重点龙头企业认定和运行监测管理办法》（农经发〔2010〕11号）。

（二）新型农民的概念、特征和培训需求

农村劳动力的大量转移，带来的问题是务农农民的数量急剧减少、供需失衡、劳动力素质下降，并由此引发了"明天谁来种地"、依靠谁来发展现代农业等问题，受到社会各界的关注及中央的重视。培育新型农民是农业现代化和产业化发展的客观需要。

1. 新型农民的概念

2006 年，《中共中央、国务院关于推进社会主义新农村建设的若干意见》中提出："培养造就有文化、懂技术、会经营的新型农民，是社会主义新农村建设的迫切需求。"有文化、懂技术、会经营成为新型农民的核心含义，新型农民一词也很快引起了学术界的关注和讨论。张鹏和郭建新（2008）认为在当前国情下，新型农民是指长期居住在农村、掌握一定文化知识和农业生产技术，同时又具备经营能力、服务于新农村建设的农民。张春莲（2008）以产业链为依据从经济学视角提出新型农民是指以追求利益最大化为动机，以从事现代农业生产、经营和服务等为主的农民。还有学者认为新型农民是指适应现代市场经济发展要求和社会主义新农村建设需要的新一代农民群体（程亚平，2011）。高建民（2008）在注重区域性的基础上，认为新型农民是具有农业户口、与土地有着天然联系、从事现代农业生产的社会劳动者。综合以上众多观点，本研究所指的新型农民首先是农业产业化经营背景下从事规模化农业生产的农民，其掌握了从事农业生产各环节所需的知识和技能；其次他们充分进入市场，具备市场经营能力，以此区别于传统农民。

2. 新型农民的时代特征

（1）有文化。新型农民需要具有较高的综合素质，包括文化素质、科学素质、人文素质等，这是发展现代农业、适应市场经济、推进社会主义新农村建设的必然要求。农民作为建设新农村的主体，其知识水平及科学文化素质直接影响着农业和农村现代化的发展步伐。通过加大对农民的职业教育，提升他们接受新知识和信息的能力，从而培养大量高素质的新型农民。这有利于推进农村产业结构调整，加快农业产业化进程，增加农民收入并为农村社会经济的发展提供智力支持和人才保障。

（2）懂技术。新型农民需要具备吸收新的科技理念和学习实用技术的能力。现代农业和农业产业化发展过程中，新型农民必须及时更新自己的技术，随时掌握与农业相关的最新科技知识及实用技术，努力构建集约化、专业化、组织化、社会化相结合的新型农业经营体系。最新的农业科技成果只有被农民所掌握，才能转化为现实生产力。这些懂技术的新型农民经过政府及社会的职业培训及引导，必将成为我国现代农业建设的生力军。

（3）会经营。新型农民需要拥有一定的在现代农业发展及市场经济下的经营管理能力。随着社会主义市场经济的深入发展，农业产业化的发展成为必然。农业产业化经营对新型农民提出了更高的要求：在提升自身综合素质的基础上，面对市场，农民必须具备发展现代市场经济的意识，在产品经营和市场运作中实现自身利益最大化，避免增产不增收、农产品难卖的问题。

3. 新型农民和职业农民

职业农民一词较早由美国人类学家埃里克·沃尔夫（Eric Wolf）提出，在他看来不同于传统农民（Peasantry）主要生产的目标是维持生计、自给自足，职业农民（Farmer）的主要生产目标是充分地进入市场，为市场提供农产品，将农业作为产业，追求报酬的最大化（程伟、张红，2012）。2005 年农业部在《关于实施农村实用人才培养"百万中专生计划"的意见》中提出了"职业农民"这一词。

职业农民是指将农业作为实际产业进行经营管理，充分利用市场规则来获取收益，以期实现利润最大化的理性经济人（曲建勋，2005）。郭智奇（2011）则认为职业农民是从事农业生产经营的人员，并具有较高的科技文化水平、专业生产技术以及较强的自我实现能力和市场经济的意识。周稽裘（2012）在研究中把职业农民定义为国家工业化、城镇化达到相对的水平后出现的一种新型职业群体，是现代农业内部分化的结果。他提出了职业农民是农民自身分化的必然。在职业属性、素质水平和收入程度这三点之外还有获取社会尊重这一特质，这是职业农民区别于传统农民的很重要的一点。新型职业农民除了符合农民的一般条件，还必须具备市场主体性、高度的稳定性和高度的社会责任感与现代观念三个条件。市场主体性就是要主动进入市场，向市场提供农产品；高度的稳定性是将农业作为终身事业，全职来对待；职业农民在从业时必须做到对消费者、对环境、对社会负责，而不仅仅是像传统农民那样对家庭负责。本研究认为，职业农民与新型农民本质上是一致的，职业农民就是有素质的新型农民，不存在一般的职业农民与新型的职业农民之分。

4. 新型农民的科技培训需求

目前，我国大多数农民的综合素质仍然很低，不符合现代农业产业化发展对农民素质的要求。加强对农民的教育培训、培养新型农民，是农业产业化发展的当务之急。我国农业的发展相对于工业是比较落后的，要发展农业的现代化、实现农业的产业化经营，培养有文化、懂技术、会经营的新型农民至关重要。对农民进行农业科学技术的培训是提高农民素质的重要途径。

近年来，在政府引导和项目支持下，多元化主体开展了大量的农民科技培训活动，取得了显著的培训效果。然而，由于现代农业发展的新需求和新知识、新信息的快速传播，社会需要具有新技术的新型农民，而新型农民的培育产生了对农业科技培训的新需求。我们需要增加农产品的科技含量和附加值、提高组织化程度、加强集约化经营，促使农业产业化尽快向技术密集型转变。

（三）农民培训和农民科技培训体系

农业、农民和农村问题是关系我国现代化建设的重要问题，而农民问题又是"三农"问题的核心。所以，农民的教育与培训不仅仅是"三农"问题的一个重要方面，也是教育本身的一个组成部分。美国经济学家舒尔茨认为，要充分发挥现代化投入要素在农业中的作用，必须具备两个重要条件：相配套的农业制度和改造传统农民（农民的现代化）。我国是一个农业大国，农民始终是最大的社会群体，广大农民也是现代化建设的主要力量。

从教育学的视角来看，农民培训属于非学历教育，是职业培训的一种，与现代农民内部结构的变化相一致（阎登科、舒志定，2014）。农民培训有广义和狭义之分，广义的农民培训是指包括农民职业培训、道德和生活教育、法制培训等在内的综合的系统培训，涉及农民生活工作和发展的诸多方面，从全方位促进农民素质的提高；狭义的农民培训主要是指针对农民实用技能的教育和培训，包括农村剩余劳动力转移和就业的非农技术培训和农业技能培训。农民科技培训是农民培训的主要形式之一，指农民为适应就业、发展或其他需要而以一定的方式（包括现代技术的运用）进行的有关知识、技能、行为和态度的一种短期教育投资，目标是提高职业技能进而为社会生产提供劳动力资源（李静，2007）。本书所研究的农业科技培训是围绕区域主导农业产业，由政府、农业院校、科研院所、企业和农民协会等各类组织提供给农民从事农业生产和经营所需的知识和技术，培训内容涵盖农产品全产业链的各个环节，目的是通过农民综合素质的提高实现现代农业的产业化经营。

许多发达国家的农业发展经验证明，农民培训要想长足发展，需依靠多元化的教育培训机构和完善的农民培训体系。19世纪末20世纪初，多元化的培训机构就已在发达国家形成，主要体现在：其一，不同等级的农业院校相继而生，专门用来提高农民素质；其二，企业组建教育培训机构，这种模式注重理论与实践的结合，例如美国的"双元制"；其三，各种形式的农民协会开始服务于农民教育培训；其四，形成农业科研、推广和培训三位一体的培训体系。多元化的培训机构和培训体系的完善在很大程度上促进了现代农业的发展。

目前，我国初步形成了一定规模的农民培训体系，但市场经济和农业产业化的发展使原有的培训体系面临无法解决的问题和困境。张淑云（2011）基于河北省梨产业的发展，构建了以农户合理需求为导向，市场运作为基础，政府主导、多方主体协同治理的农业科技推广体系。吴锦城（2011）鉴于农民教育需求的多样性，提出以政府供给为主体、以农民参与为主要决策形式、以服务农民教育的社会企业为平台、以农民内在教育需求为目的、以社区理念教育为主线的农民教育供给模式。马云启（2012）在博士论文中提出包括政府主导的农民科技培训体系和市场引导的农民科技培训体系在内的需求导向的农民科技培训机制。上述研究都关注了传统培训体系与市场经济的不匹配，以及多元化供给主体和机构的出现，但是没有能够在政府主导与市场主导之间寻求到一种均衡的机制。本书将基于多中心治理理论构建既发挥政府公共性、集中性的优势，又利用市场的回应性强、效率高的特点，综合两个主体、两种手段优势的合作共治体系。

二 农业产业化与农业科技培训理论

（一）人力资本理论

人力资本指劳动者通过教育、培训、实践经验、迁移、保健等而获得的知识和技能，亦称"非物力资本"。许多经济学家不同程度地论述了人力资本是最重要的一种资本。18世纪英国经济学家亚当·斯密在《国富论》中指出，工人技能的增长不仅是社会经济进步的源泉，也是经济福利增长的源泉。他还认为，人的才能即人力资本，也能创造财富。19世纪末，英国经济学家马歇尔在《经济学原理》中也指出对人力资本的投资是最有价值的投资。

西奥多·舒尔茨（T. W. Shultz）是从探索经济增长进而迈向人力资本研究道路的，是公认的人力资本理论的建构者。他认为仅仅通过自然资源、物质资本以及未经培训的劳动力发展生产力经济是不够的。人的能力和素质是人力资本的体现，具体表现为人的知识、技能、经验和技术熟练程度等。人力资本要通过人力投资获得，人力资本投资主要包括用于教育和职业培训、医疗保健、流动和迁移的费用。同时，人力资本应该包括量和质两个方面，是投资的产物，其积累是社会经济增长的源泉，教育是使个人收入的社会分配趋于平等的因素。加里·贝克尔（Gary. S. Becker）的《人力资本》被公认是"经济思想中人力资本投资革命"的新起点。他主要从微观方面进行分析，弥补了舒尔茨只注重宏观分析的缺陷。他分析了在职培训的重要意义，研究了人力资本投资与个体收入分配的关系。

总的来说，人力资本理论的产生及发展，使人在生产力中的决定作用得到了显现，并重新证明了人特别是具有专业知识技术的高层次人是推动经济增长的真正动力。人力资本理论不断发展，乌扎华的"扩展的新古典经济增长模型"加入了教育因素，被认为是最早的人力资本增长模型；罗默的内生经济增长模型，认为知识积累是促进现代经济增长的重要因素；卢卡斯的人力资本积累增长模型以及斯科特的资本投资决定技术进步模型等都丰富了人力资本理论（王军，2006）。

（二）比较优势理论和新结构经济学

比较优势理论是大卫·李嘉图在亚当·斯密绝对优势学说基础上创立的，代表作是《政治经济学及赋税原理》。亚当·斯密认为国家富裕的根本在于提高生产率，社会分工形成内生比较优势可以大幅提高劳动者的生产率。分工和专业不仅可以节省时间，还可促进发明的生产以及提高劳动熟练程度。李嘉图认为每个国家或地区不一定要生产各种各样的商品，而应该集中主要力量生产那些利益比较多的产品，然后通过国际贸易增加生产总量，这样对各国都有利。通俗来说就是"两利取重，两害取轻"。大卫·李嘉图的比较优势理论揭示了国际贸易客观存在的经济运行规律。

新结构经济学是由著名经济学家林毅夫提出来的，他运用比较优势理论并结合实例进行了说明。他认为经济发展是一个技术革新和结构转型的动态过程。他认为一个国家如果要有竞争力，产业发展必须符合比较优势原则。他还认为一个经济体的经济结构内生于它的要素禀赋结构，持续的经济发展是由要素禀赋的变化和持续的技术创新推动的。而一国禀赋结构升级的最佳办法是在任一特定时刻根据它当时给定的要素禀赋结构所决定的比较优势发展它的产业。新经济结构学认为，采取遵循比较优势发展战略的国家比其他国家表现得要好。劳动密集型产业将逐渐失去比较优势，因此低收入国家应该认真挑选领先国家中的成熟产业，并结合自身情况将发展劣势转变成发展优势。只有政府根据本国的比较优势构建正确的政策体系，才能促进本国的经济发展（杨玲丽、丘海雄，2008）。

（三）钻石模型

钻石模型是美国经济学家麦克尔·波特提出来的，主要用来分析一个国家的某种产业怎样才会有较强的竞争力。他认为决定一个国家某种产业竞争力的因素包括四个方面：第一，生产力因素，包括天然资源、知识资源、资本资源、基础设施；第二，需求条件，主要是本国市场的需求；第三，相关产业和支持产业的表现，具体表现为这些产业和相关上游产业是否有国家竞争力；第四，企业的战略、结构、竞争对手。此外，机遇和政府也影响产业竞争力。政府对需求的影响主要是政府采购，政府直接参与的领域的应该是企业无法行动的领域。这六个因素画在图上像一颗钻石，所以称为"钻石模型"。由于波特的钻石模型的一个重大缺陷是以国内市场为基础，并没有考虑跨国经济的影响，有学者结合实际又对理论进行了修正。如 Cartwright 的多因素钻石模型、Dunning 的国际化钻石模型、Rugman 和 D′Cruz 的双钻石模型和 Moon 等的一般化"双钻石模型"（杨玲丽、丘海雄，2008）。

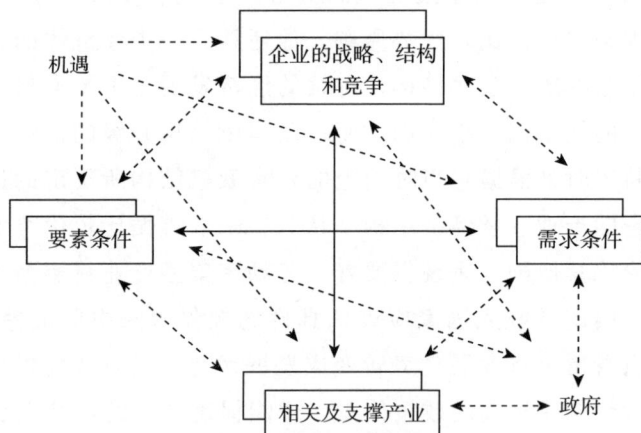

图 2 - 1　钻石模型示意

在农业产业化中，只有将这六个因素交错运用形成农业企业自我强化的优势，才是竞争对手无法模拟和复制的。在生产要素方面，我国劳动力资源成本优势明显，农村地域广阔，农民数量庞大，为农业产业化提供了一定的基础，但是也应看到农民的科技素质参差不齐，这就需要对农民培训以提升其科技素养。不断增多的人口压力以及竞争日益激烈的国际市场，都需要增强国内农业的竞争力，实行产业化经营。在相关产业和支持产业表现方面，农业产业化要形成产供销一体化，形成一条相关的产业链，进而加强整体竞争力等。

（四）利益驱动理论

利益驱动作用要借助法律等规范性制度来实现，制度对调整利益秩序、协调各种利益冲突、减少利益分配的不确定性等有重要作用。因此可以说，利益驱动是在有效制度的框架下进行的。它不仅可实现个人利益，还可将个人利益与公共利益相结合，以减少社会主体间的矛盾、实现社会的最终发展。农业产业化经营过程中最重要的问题是利益分配，它直接影响着农业产业化经营的全面发展。农业产业化经营的实质就是各供给主体出于对自身利益的关心和追求，在自觉、平等、互利的前提下形成利益的共同体。但是要维持好这个利益共同体，需要处理好各主体之间错综复杂的利益关系，使各个利益主体能各得其所以避免随时可能发生的利益结构扭曲与失衡。例如，龙头企业提供生产资料、技术指导、农产品收购，农户主要负责生产和管理，两者之间通过合同形成松散联盟，但不稳定。他们二者是各自独立的供给主体，以自身利益最大化为目的，一旦有市场存在风险，就极其有可能违约，造成联合中断（杨国巧，2007）。因此，在农业产业化过程中，要探求各个利益主体的协调性，进行双重利益驱动，对中间层的促生与完善形成聚合利益驱动，在个体利益驱动方面形成对农民的导向与保护（李长健等，2007）。

（五）多中心治理理论

"多中心"（Polycentry）一词最早是由麦克尔·博兰尼在1951年《自由的逻辑》一书中作为经济学术语提出的，用以证明自发性秩序的合法性以及说明社会治理限度的可能性。他提出了两种社会秩序，即指挥的秩序和多中心的秩序。在多中心的秩序中，单位是独立的，自由追逐利益但又相互协作，受到特定制约又能在社会的一般规则体系中找到自己的定位。

奥斯特罗姆的多中心治理理论承袭了博兰尼的多中心秩序，更加强调主体的互动过程、创立治理规则和治理形态。通过对局部性公共事业（如警察服务、池塘资源管理）治理的组织机制，以及公共经济学领域中生产与供给属性的多年实地研究，并借鉴制度理性选择学派，他系统分析了各种决策领域组织的多中心状况，形成了多中心理论的基本构架。"多中心"的含义是指有多个相互独立的决策中心，它们在相互竞争的关系中认可并重视彼此的存在，可以签订各种协议，利用核心机制解决问题。多中心理论认为，公共服务的生产者有可能是各级政府、市场企业、非营利性组织，甚至是消费者自己。要改变政府的直接供给和生产，需要引进市场机制和私人投资者。当然，在实际的操作过程中，也要处理好责任与效率的关系、开放与封闭的关系、遵循行政程序与降低行政成本的关系以及多中心治理与政府权威的关系（王飓，2010）。

对于农业科技培训的多中心安排，有利于各级公共权力组织对农业产业化事务的管理、组织和调控；农业科技培训也需要政府的引导，形成科技工作者、农民为主，全社会积极参与的动态工程（宣琳琳、徐欣，2010）。

第三章　我国农业科技培训的
发展历程和现状分析

一　农业科技培训的发展历程

众所周知，现代意义上的农业科技培训产生于欧洲发达国家，在 18 世纪末各国完成产业革命的同时，欧洲各国的农业科技培训应运而生并且得到蓬勃的发展。首先出现了各种改良农业协会，比如 1723 年苏格兰就成立了农业知识改进协会，以应对当时出现的贫困与饥饿问题；法国在 1761 年成立了农学家协会。这些组织通常被认为是早期出现的农业科技培训组织。在 1847 年的爱尔兰，因马铃薯减产引发大面积饥荒而建立的小型农业咨询机构培训是农业科技培训供给的开端。经过两个多世纪的发展，几乎世界上所有的发达国家和发展中国家都建立了完善的农业科技发展体系，尤其是农业科技的培训成为各国将农业成果转化为生产力最为重要的手段。比如，美国基本建成以农学院、国家农业推广局、州农业推广站、县农业推广办公室为主体的农业科技培训体系，实现了农业科技发明创造、科技培训与农科教育一体化。我国在新中国成立之后开始建立农业科技培训体系，经过 60 多年的发展与改革创新，逐步实现了农业科技培训体系的完善。

（一）初步建立期（1949~1977 年）

新中国成立之后，农业处于百废待兴的时期，在实现了农业的社会主义改造之后，国家开始建立农业科技培训体制。农业科技的培训是连接科技发明与科技应用的中间环节，农业科技的发明创新领域以各级农业科学院为主，国家、省、市分别建立了服务不同区域的农业科学院和农业科研所为本地农业科技发明服务。在农业科技推广阶段，培训是重要的任务。培训的实施应用以政府各级农技站为主体的"四级农业科学实验网"模式，在基层以人民公社为单位，采取行政命令强制的方式进行科技传授。为了保障农业科技培训工作的顺利开展，国家提出了一系列的法规政策以促进农业科技培训主体的建立。

1953年，中共中央颁布了《关于农业生产互助合作的决议》。自此之后为了贯彻中央精神，农业部先后出台《中华人民共和国农业技术推广方案（草案）》《农业技术推广工作条例》《关于充实农业技术推广站 加强技术推广工作的指示》，对农业科技推广工作和农业科技培训做出具体的管理安排，逐步建立了从国家到乡镇的农业科技培训主体。在这一时期，我国农业科技培训的体系初步形成并得到了快速发展。

1958年"大跃进"开始后，受人民公社的生产方式大面积推广、三年自然灾害以及"文化大革命"的影响，农业科技培训工作经历了两次大的停滞，甚至部分地区出现了倒退与机构被毁坏。1958年"大跃进"时期农村开始大炼钢铁活动，农业科技培训机构在政府工作中地位甚低，很多机构在此期间被裁撤且人员被下放或者改行，农业科技培训体系几欲解体。1962年，农业部颁布了《关于充实农技推广站 加强农业技术推广工作的指示》，农业科技培训体系逐步恢复，此时政府在各个县级设置了农业科技推广站，负责农业科技培训与推广工作，同时设立了各种专业站点。

"文化大革命"在全国开始后，农业科技管理体系完全崩溃，农业科技培训也陷入完全停滞状态。但是一些地方政府仍在探索农业科技培训创新体系，为农业科技培训在新的时期发展提供了潜在的能量。在这一时期，湖南省华容县建立了"四级农业科研实验网"。具体的做法是县政府创办农业科技研究所，人民公社建立农业科技站，在生产大队一级建立农业科学服务队，具体到最基层组织生产队则趁农闲时办理农业科技小组，由四级农业科技培训组织承担农业科技培训的任务，将先进的农业科技技术传播到一线农民手中，保障农民在全国不重视生产和科技的年代能够有机会学习农业科技知识。1972年农林部调查并肯定了湖南的具体做法，并在地方政府总结经验之后将其推广到全国。"文化大革命"结束之后，这一模式才逐渐趋于没落，最后解体。

（二）改革变更期（1978~1999年）

"文化大革命"结束之后，我国开始进入以经济建设为中心的时代，首先从农业领域开始了改革。1978年，从安徽小岗村开始探索并迅速在全国实施推广家庭联产承包责任制，而在人民公社时期的农业科技培训体制不再适应我国农业科技培训的新的需要。包产到户之后，农民集体组织逐步解散，单个原子化的农户在分田到户明晰责任之后产生了极大的生产热情，粮食产量迅速提高，也直接解决了多年来一直没能解决的温饱问题。但是人民公社解体之后，原来的农业科技培训体系不能够直接服务于农村生产，因此需要创新农业科技培训体系。1979年，全国开始逐步试点县级农业技术推广中心建设工作，这标志着我国农业科技培训工作进入了新的阶段。1982年，农业部创建了全国农业技术推广总站，在省、市等各级政府建立了相应的组织，尤其是县级农业科技推广中心把当时的农业科技、土肥、植保、农经等专业站纳入了管理体系。在乡镇一级建立了由政府财政管理的七站：农业技术推广站、林业站、果树站、水利站、渔技站（在沿海乡镇设立）、农业机械管理站、经管站。这逐步形成了以县级农业科技推广中心为核心，以乡镇相关站所为触角，以村级科技培训小组为基础的农业科技培训网络。当然，政府在这一时期的农业科技培训中仍然起着绝对主导作用，县、乡两级的农业科技培训组织分别由两级政府的财政支付，由政府农业部门统一发现引进新的品种和技术，再通过培训组织介绍给农户。在这一体系中县级农业科技推广站成为整个农业科技推广的最关键环节。

1992年十四大之后，国家开始建立社会主义市场经济体制，政府的管理体制也开始逐步改革。对于农业领域的改革，政府采用了从直接管理农业科技服务与创新转变为间接宏观指导。各个级别的农业科技研究、推广、培训机构均开始逐步转变体系，当然最为直接的影响还是财政支出对农业科研推广培训的投资出现了结构性的减少。扣除物价因素之后，政府农业科研机构在1995～2000年年均政府拨款仅增长1.30%（胡瑞法等，2007）。在农业科研单位经费增长中，以农业科研单位的创收为主要补充，科研单位从事商业活动的改革在一定程度上弥补了政府投资不足的缺陷。与此同时，我国农技推广培训的政府投资强度也在减弱。20世纪90年代的财政推广强度为0.40%，大大低于世界上大多数国家水平。据统计，113个国家的平均农业科技推广强度为0.96%，甚至低收入国家也达到了0.44%，我国直到1999年，才达到低收入国家财政投资农业科技推广培训的水平（张利庠、纪海燕，2007）。

在这一时期，各级农业科技推广培训组织的转制与调整使得农业科技最新的成果无法有效地推广给农户，此时我国农业科技成果转化率不到30%，甚至农业科技管理体制也出现了断层。但是由于乡镇农业科技推广组织是县镇改革的对象，政府为了甩包袱减轻财政负担，把农业基层的农技推广培训组织实施分流，甚至出现了基层农技组织机构"线断、网破、人散"的局面。农技推广机构面临严重的经费短缺难题，很多机构有钱养人没钱干活，大多数机构没有事业经费或者少得可怜。乡镇一级农业科技推广组织的经费由乡镇支出后，其人员也经常被抽调从事其他的活动。上级拨付的少量农业科技推广经费也经常被挪作他用，这使得基层的农业科技培训推广工作处于瘫痪状态。

这一时期，为了应对困局，政府允许农业科技推广组织从事商业性活动，农业科技部门采取"技物结合"的策略，采取有偿服务方式解决财政困难。在化肥、农药等农资领域的销售中辅之以培训工作，既使得农资得以有效地销售，也能够间接起到技术培训的作用。此外，农业科技培训领域开始有了新的参与者，起初是农资部门配合农业科技培训组织开展活动。在开展活动体制成熟之后，以企业为核心的农资培训开始出现，企业为了销售化肥、农药等农资纷纷采取了直接面对市场、农户的方式，直接针对产量、收益进行技术培训，这在一定程度上也起到了作用。同时私人的农业技术培训机构也开始出现，农业技术的接纳者也不

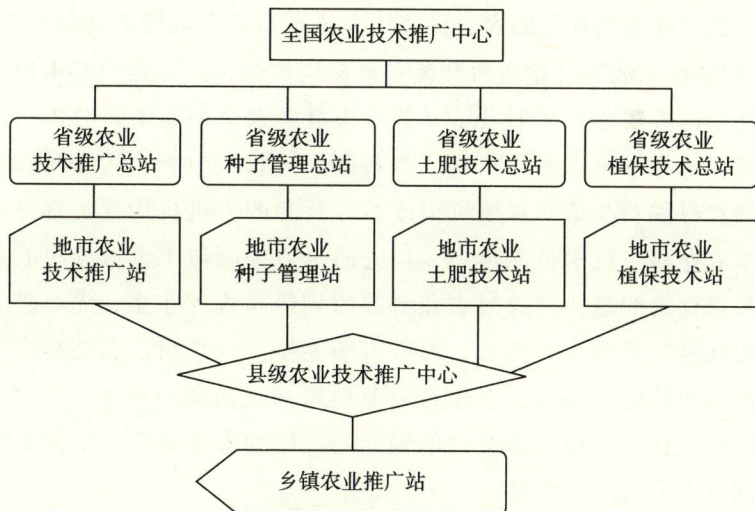

图3-1 种植业五级农业技术推广培训结构

再是组织起来的人民公社式的农户，而是原子化的农户、农业企业或农业经济合作社。此时政府也在逐步改变强制性的政府干预方式，转变为间接的服务与管理。

为了构建与市场经济体系相适应的农业科技培训与服务体系，农业部和人事部在 1992 年联合颁发《乡镇农业技术推广机构人员编制标准（试行）》，全国人大也通过了《中华人民共和国农业技术推广法》，从法律上明确了农业科技培训推广组织是国家单位。与此同时，中央、省、地市、县、乡镇五级农业科技培训机构逐步建立，在农村设置科技示范户和科技员。农科推广的新体系开始逐步发展起来。

（三）创新萌芽期（2000～2005 年）

随着社会主义市场经济体制的建立与完善、乡镇政府机构的改革也逐步推进，我国基层农业科技培训推广体制在 21 世纪初期实施了一系列的改革。事实上，经过学者、实践者的不懈努力，政府已经注意到现行的农业科技培训体系与农业需要之间的矛盾。在 2000 年，我国开始全面开展乡镇机构改革，尤其是中共中央办公厅、国务院办公厅下发了《关于市县乡人员编制精简的意见》，明确提出将乡镇农业科技推广人员的管理权下放到乡镇基层。当时的农村税费改革和乡镇机构改革等裁撤的大批机构冗员都充实到了农业科技技术员队伍中，新进的事业编制员工也可通过农业科技培训组织进入，彼时农业科技培训机构人浮于事，无心投入精力在推广培训上。另外，农资市场逐步开放之后，农技推广培训部门面临龙头企业、合作社以及销售网点的激烈竞争，出现了主体多元化、市场竞争激烈的局面，基层的农技推广人员面临生存困难和公共形象危机。

农业科技推广培训组织改革也处于艰难境况之中，职能不清、财政补助不足、培训体制不顺等一系列问题，使得农业科技推广组织面临"线断、网破、人散"的局面。据统计，2005年与2000年相比，县级及以下的农技推广服务培训机构和人员数量都有普遍的下降（李燕凌，2011）。据农业部门调查统计，县级及以下的农业科技培训组织出现了养事不养人，农业科技推广人员转换身份，科技推广人员主观不作为、客观难作为的境况，50%～80%的时间与精力都花费在了乡镇政府的工作上。我国95%乡镇农技推广服务机构没有试验示范基地，70%没有办公用房，50%没有专用电话，近70%没有计算机，85%以上没有自己的交通工具。此外，由于进入乡镇农技推广服务机构相对容易，成为各级组织安排人员的通道。据统计，2007年年底农业科技服务与培训组织中，大专以上学历者仅占45%（且1/3非本专业出身）；在2000～2005年，89%的农业科技培训部门没有专业毕业生进入（宋睿、谭金芳，2010）。当时的农业科技培训体制无法适应社会需要。

（四）创新发展期（2006年至今）

2004年以后，中共中央高度重视"三农"问题，把"三农"问题放到国家战略高度来抓，陆续免除了农业税费，并对农业生产服务领域进行了一系列的改革。农业科技培训已经成为各级政府加快农业迅速发展、切实完善农村公共服务的主要内容。更为重要的是，2006年以来国家陆续发布重要文件对农村科技推广工作做出重要部署和安排，要求明确农业科技培训的公共性职能，激发多元化培训主体的活力，合理设置推广培训机构，科学安排核定支持资金，妥善安排好分流人员，逐步实现农村科技培训的专业化，提高工作效率。

2006年，国务院出台了《国务院关于深化改革加强基层农业技术推广体系建设的意见》，当年8月份下发全国实施。农业部为了贯彻国务院文件迅速下发了实施意见，并建立督导机制、加强调研与交流力度。2008年十七届三中全会指出"加强农技推广、加快农业科技成果转化"，要求在三年之内在全国建立乡镇一级的农业技术推广、动植物疫病防控、农产品质量监督机构。因此，各地开始推动现有的农业科技培训主体高等院校、科研院所、农民专业合作社和龙头企业开展各种合作与农民一起形成技术开发培训的合作体，并开始实施新的激励机制，鼓励研发机构与农业一线生产单位直接合作，缩短技术转化路线和时间，有效提高科技转化率。同时，四大主体通过不断探索农民科技培训方式以不断提高农民接受可行的高新科技的能力；采取多种多样、灵活的培训方式，使得农民易于接受；通过培训技术学校、夜校、示范村、示范户、媒体、专家现场指导等方式，把最新的农业科技直接传播到农户手中。

2009年中央一号文件要求农业科技培训组织尽快明确职责、健全队伍、完善机制、保障经费，最终切实增强科技培训的能力；提出要加强和完善现代农业产业技术体系，支持农业科技人员和广大毕业生到农技推广一线工作。2012年的中央一号文件聚焦于农业科技，强调要把农业科技摆放在突出位置，文件一半以上的篇幅都是关于农业科技的。文件明确提出要加大农业科技投入，并确保每年的财政支出增量和比例均有提高；要实施一系列人才培养计划，振兴发展高等农业教育、中等农业教育，加快培养农业科技人才，通过社会培训培养农村实用人才。关于"谁来种地"的问题，具体措施包括以种植养殖大户、经纪人、大学生村干部、农机手等为培训重点，加快培养新型职业农民以及农村服务人员和农村管理人员，目标是实现每年1亿人次实用技术培训、培养500万职业农民。文件还要求充分利用农闲时期，在田间地头、农村服务中心、乡镇礼堂、合作社等地方多层次、多渠道开始科技培训，提升农村科技培训的效果。

直至2015年，中央一号文件仍然继续关注农业科技工作。围绕建设现代农业、加快转变农业发展方式明确提出，必须尽快从主要追求产量和依赖资源消耗的粗放经营转到数量质量效益并重、注重提高竞争力、注重农业科技创新、注重可持续的集约发展上来。农业科技培训是实现一号文件目标的重要手段。为了实现数量质量并重，对农业科技的应用和实践显得越发重要；为使得农户最快掌握农业科技，有效提高产量和质量，让农民在市场经济条件下考虑长远利益，必须对相关农户进行培训工作。

而今，农村科技培训进入发展创新阶段，我国对农业科技服务与管理体系采取了一系列的措施，逐步剥离了公益性的农业科技培训与经营性的农业科技培训。针对公益性的农业科技培训服务，国家规定至少由公立的农业科技培训组织来组织资源、专家、场地，制订具体的计划，统筹实施。经营性的培训服务通过市场有效解决，农业管理部门予监督和指导，给予一定的补贴。现在我国农业科技培训组织逐步实现了多元化发展，培训形式多样化、培训内容与生产过程一致化。

二 我国农业科技培训的现状

农业科技培训作为农民教育与培训的主要形式之一，是广大农民群众获取农业科技知识、实现增产增收的重要支撑。近 10 年来，我国的农民科技培训工作在提高农户的农业科技意识和水平；促进增产增收；加快农业科技成果转化及实用科学技术的推广；加强社会主义精神文明建设等方面都取得了很大的进展。农业部等政府部门相继实施了新型农民科技培训工程、跨世纪青年农民科技培训项目、绿色证书培训工程、农村劳动力转移阳光培训、农业科技入户示范工程等，并将这一系列工程和科技特派员制度、科技书屋建设、农业大学建设等项目结合起来。各级地方政府也按照农业部的指导及要求，紧紧围绕"三农"问题，认真组织实施各项培训工作。在政府扶持和政策引导下，几大工程和项目得以迅速发展，并取得了相当不错的成效。

（一）新型农民科技培训工程

2005 年，农业部联合财政部、共青团中央以及各省、自治区和直辖市，结合新形势的发展要求和农民的实际，突出培训重点，深入实施新型农民科技培训项目、培养新型农民，受到广大农民和基层干部的欢迎。至 2006 年，为贯彻和落实党的十六届五中全会、一号文件和"十一五"规划纲要的重要精神，我国开始组织实施了"新型农民科技培训工程"（中华人民共和国农业部公报，2006）。新型农民培训项目主要是针对从事农业生产的农民，内容是农业科学知识和务农技能培训。以行政村为基本单元围绕主导农业产业培训新型农民，按照农产品的生长周期，以进村办班指导的思路发展"一村一品"。在示范村推行整村推进，每村确定40名种植能手作为学员开展培训，集中培训的时间不得少于 15 天，进村田间指导的场次不得少于 15 次。培训目的是给农户提供农业技术、促进主导农业产业的快速发展，实现农村的增产增收；培训对象是务农的农户；培训内容是在产前、产中、产后提供主导农业产业需要的农业科学知识和技能；培训形式主要有讲授、田间示范、入户指导和网络媒体等，面授是由村集体组织农户、提供场地，田间示范是由培训师在田间对农户进行面对面、手把手的技术指导。湖南省蓝山县政府十分重视培训工作，成立了专门的工作机构，择优选定培训机构，开辟了专门的学习场地，并从当地实际出发，围绕主导产业，以农民为中心，理论与实践相结合，取得了良好的成效（邓东京、饶异伦，2009）。2005 年，我国一共有 31 个省、自治区、直辖市的 269 个县（市、区、旗、团场）开展了新型农民科技培训项目，培训新型农民 50 万人。到 2008 年，新型农民培训工程带动全国扩大项目实施县 325 个，带动投入各类农民培训项目资金仅省级就达 2.4 亿元，辐射培训 600

万人以上（《中国农业年鉴》，2009）。

（二）农业科技入户示范工程

为贯彻党的十六大和十六届四中全会精神，落实"科学技术是第一生产力"和"以人为本"的科学发展观，提高农业科技成果入户率和覆盖率，建立依靠科技促进农业增产增效、农户增收的有效机制，提升长期稳定的农业产业综合能力，农业部于2005年启动了农业科技入户示范工程。该项目依据自愿、公平、公开和公正的原则，选取具备相当条件与基础的农民，采用地方政府推动、市场经济引导、培训项目带动的方法，持续提升劳动者素质和主导农产品的综合生产能力，要求农业科技人员直接服务到户、农业良种良法直接到田间、农业技术要领直接到农户的一种科学系统、具有良好示范效果的农业科技转化培训模式和机制。农业科技入户示范工程项目以科技示范户为核心，以推广主导品种、主推技术为关键技术，促进农业科技成果向现实生产力的转化，加快农业技术入村到户，提高农业的科技含量，对新农村建设具有重要意义。

2005年，科技入户工程培训了91871个科技示范户，并辐射带动了附近20余万农户。例如，辽宁省盘山县作为我国农业科技入户示范工程项目的试点县区，以科技示范户的种植和养殖综合能力建设为核心，充分发挥当地资源优势和区域优势，实现了水稻种植和河蟹养殖的有机统一，在确保粮食稳产的基础上以河蟹养殖增效增收，为新农村建设提供治理支撑和科技人才。但同时，也存在基层科技人员对该工程的认同度不高、农民接受程度不高、服务不到位等问题，需要进一步强化地方政府对农业推广工作的重视程度（陈卫新，2009）。农业部为了提升农民科技培训能力、推进农村科技入户、解决农业科技推广与培训的"最后一公里"和农业科技成果转化"最后一道坎"的问题，在2005年又启动农业科技入户直通车项目，并继续建设农民科技书屋。

（三）跨世纪青年农民培训工程

跨世纪青年农民培训工程最早于 1999 年在山东省兖州市正式启动，以农村 16～35 岁的初、高中毕业生为主要对象，以提高青年农民科技文化素质为目标，以农业科技推广项目为依托、以"实际、实用、实效"为宗旨，旨在培养一批科技兴农青年、星火带头人，增强农业发展后劲。其主要培训内容有国家有关农业生产和农村经济发展的方针政策、大田生产技术、园艺栽培技术、畜禽养殖技术、海淡水养殖技术、经营管理知识、市场营销知识及现代科技知识等。黄玉翠（2003）研究发现，南平市在实行培训工程中可谓硕果累累，不但提高了农民科技文化素质，促进了农业增效、农民增收，还建立了一支优秀的教师队伍。但在实施过程中也发现了一些不足之处：地域之间的发展程度、乡镇之间的重视程度都不平衡，且师资力量也不能满足培训要求，需要进一步完善。

（四）科技特派员项目

科技特派员项目自 1999 年诞生至今，随着不断地探索与完善，已基本形成"科技特派员 + 农民 + 示范园/协会/公司（龙头企业）"多种三位一体的运作机制，促进中国农业向生产规模化和经营产业化方向发展。科技部也对这一制度给予了肯定，至今全国大部分省市开展了此项培训工作，一般有省、市（地区）、县三种科技特派员。科技特派员经地方党委和政府按照一定程序选派、按照市场需求和农户的实际要求，从事农业科技成果转化、特色农业产业开发以及农业科技园区和产业化基地建设。要求这些特派员是拥有一定科技专业理论、技术、工作经验、指导方法、管理能力、年富力强的专家、教授、研究员、博士等中青年知识分子，可以深入农村第一线，工作在农村、服务农业，把自己的一切贡献给"三农"。这一项目大大促进了农业科技传播。以广东省为例，自 2010 年科技特派员认定工作开始，在岗科技特派员及服务农户数量不断增加，带动了大量农民增加了收益，为完善广东省农村科技服务体系和建设社会主义新农村做出了突出贡献。但在队伍结构、科创能力、人员交流等方面需要进一步提高（周宇英、林振亮，2013）。

（五）绿色证书培训工程

绿色证书是指农民具备从事具体农业生产所需要的知识、技能及其他资质条件的证明。绿色证书的主要特征如下：培训对象是农户，有岗位规范的要求或技术资格标准。该制度通过立法手段，将农民从事农业生产的技术资格要求及培训、考核、发证等规定下来，并颁布配套的政策。绿色证书培训项目按照"工程"的形式，对广大从事农业生产经营的农民开展农业科技培训，逐步建立和完善符合我国国情的制度，力求培养一大批农民技术骨干，并通过他们的科技示范作用，将农业科技成果辐射到农村的千家万户。此外，将绿色证书培训工程与农业示范村建设相结合，以绿色证书培训引导农业规模化种植、产业化经营，吸引龙头企业和种植大户进入农产品基地，形成"公司+基地+农户"的风险共担、利益共享机制，产生了良好的经济效益、社会效益和生态效益。这种"以培训做引导、由企业来运作、请农户来参与"的创新方式值得借鉴（何学书等，2011）。

在加强对农民进行科技培训的同时，政府也注重对农村农业人才的管理与培养工作。针对农业人才的培养划分为专业技术人才培养、实用人才培养及高技能人才培养。2005 年，农业部按照中央人才协调小组的统一部署，从加强制度建设和基础工作入手，全面推进农业人才管理与培养工作。在实用人才培养方面，农业部启动了农村实用人才培养"百万中专生计划"。预计在 10 年内培养 100 万名具有中专学历的从事农业生产活动的实用型人才。在高技能人才管理方面主要是通过编写起草国家职业标准和培训教材等推动农业行业职业技能开发事业的发展。2008 年，我国农村农业人才队伍建设取得了新的发展。在统筹推进专业技术人才队伍建设过程中，专业技术人才评价标准得到完善，博士服务团成员选派和"西部之光"访问学者培养工作也进一步开展，农业部还举办了 2 期农业专业技术人才继续教育高级研修班、实施 1000 多个继续教育项目，参训人次 7 万多；组织 138 名高层次专业技术人员赴国外培训，派遣 27 名基层农业专业技术人员赴美国、日本研修。农业部在建立实用人才培训基地和示范性培训班的同时积极开展各类农民教育培训。继续实施"百万中专生计划"，完成 10 万人的招生任务；在 3.3 万个村实施新型农民科技培训工程，培训专业农民 150 万人；继续实施农业科技入户工程，培养 26 万户科技示范户；开展农村劳动力转移培训，全年培训 350 万人；开展农村实用人才创业培训试点，全年培训 1 万人（《中国农业年鉴》，2009）。

第四章　农业科技培训的供给分析

　　我国农业发展经历了数次大的变革，伴随着农业体制的变革，农业科技推广活动也在逐步调整以适应服务农业发展的宗旨，作为科技推广主要手段的农业科技培训活动也经历了三次大的变革：由单一政府供给农业科技培训演变为多元主体参与的机制，大学、研究机构等发挥愈来愈重要的作用，合作社和龙头企业异军突起，逐步成为农业科技培训供给的中流砥柱。在农业科技发明成果日益涌现的同时，农业科技培训的供给模式也发生了巨大变化，形成了有代表性的太行山模式、科技特派员模式、专家大院模式以及西农模式，这些模式的出现给农业科技培训提供了新的制度框架的现实参考。本章在厘清农业科技培训发展脉络、明晰培训主体的功能和主要的供给模式之后，将对农业科技培训的效果进行评价。

一　农业科技培训的供给主体

　　现阶段，实施农民科技培训的主体实现了多元化，主要可划分为政府部门（农技站等）、科研院所、龙头企业、专业合作社以及其他主体，这些供给主体共同构成了农业科技培训的供给体系。2012 年笔者对陕西猕猴桃主产区的调查发现，参加过培训的农户，30% 是通过大专院校参加培训的，25% 的农户通过当地县、乡政府的农业科技推广站开展农技培训，12% 的农户通过当地龙头企业组织的培训实现科技诉求，26% 的农户则主要通过合作社来学习科技知识，另外还有 7% 的农户参加社会组织的农业科技培训活动，见图 4 - 1。四个主要的培训主体：高校科研院所、龙头企业、合作社、政府农技站在农民培训中扮演着重要的角色。

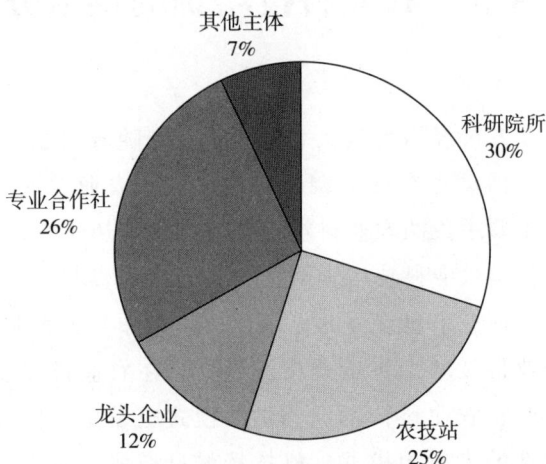

图 4 - 1　农业科技培训供给主体

调查表明，政府农技站为主导的农业科技培训体系已经被打破，现在农业科技培训的主体已经呈现多元化特征。随着农业产业化的不断深入推进，食品安全逐渐被重视，龙头企业为了产品标准化必须对农产品的原料提供者农民进行培训。而自 2007 年 7 月《中华人民共和国农民专业合作社法》实施以来，在农村耕耘数年的农业专业合作社以及专业协会得到了长足发展，数量呈现雨后春笋般的增长，质量上合作社的能力已经突飞猛进。合作社以其社员为服务对象，对整个生产流程进行培训指导，比如提供从生产资料购买、农产品销售、加工、储藏、运输的服务，更对农业生产经营给予培训和信息咨询服务。例如，近年来逐步形成的猕猴桃专业合作社的第五村合作社为农民提供服务，参加合作社的农民逐年增长，在农业合作社中农户基本上都积极参加合作社举办的活动。调查发现，该区域科研院所和所在地农业院校合作 10 多年，共同建立试验示范站服务于猕猴桃主产区。高校、科研院所不再局限于农业科技研发，而是更加重视成果的转化应用，创新了培训模式，将试验示范站建立在农作物主产区，将农业科技直接送到农民的田间地头，且其科技源头的优势是其他主体难以比拟的，因此逐步成为农业科技培训的最为重要的力量。本节将分别分析四大主体在农业科技培训中的作用。

（一）农业技术推广站

我国自 20 世纪 50 年代开始，逐步建立起以政府机构为主的农业科技培训体系，目前已经逐步形成了一个多层次、多机构、规模庞大的体系。我国从中央政府开始到省政府、地市政府、县级政府、乡镇政府，都设置了农业科技推广培训机构。在中央一级设置了全国农业技术推广服务中心、全国畜牧兽医总站、全国渔业技术推广总站。其中，全国农业技术推广服务中心成立于 1995 年，是农业部直属事业单位，主要负责全国农作物栽培、土壤改良、科学施肥、旱作节水农业、有害生物防治、农药安全使用等重大技术以及优良品种的引进、试验、示范与推广和培训，指导全国种植业技术推广培训体系建设和职业技能鉴定工作。在省级及以下的政府层面均设置有对口培训机构，各级政府都有其主管部门直属的农技站、种子站、植保站和土肥站。至今为止，全国几乎所有县都建立了农业技术推广中心，乡镇都有农技站，这些机构大多数都是国家事业单位。据统计，到 2012 年年底，全国种植、畜牧兽医、水产、农机、经营管理五个系统，县乡两级共有推广机构 18.6 万个，其中乡级机构就有 16.2 万个。县乡两级有推广人员 121 万人，其中乡级人员 73 万人，编制人员 45 万人（王利清，2013）。

县级农业技术推广中心在培训上主要包括以下四方面内容。第一是重大技术的推广培训，对农民进行测土配方施肥、国家要求的膜下滴灌以及重要病虫害综合防控等技术的培训。第二是主导产业培训，比如在陕西省关中眉县，县农业科技推广中心对当地支柱主导产业猕猴桃种植加工方面进行统筹规划培训，每年下乡培训130多次。第三是通过实验示范开展技术合成创新，建立现代农民科技的支撑体系：实际观摩、手把手教等培训方式促使农民学习关键的生产技术；采用边看、边学、边用和相互带动的方式，达到全面普及。第四是抓科技推广，以种植户为本，全方位多形式开展农业科普宣传培训，培养新型农民。大力推行面上宣传培训与点上示范引导相结合，注重集成技术的适用性，确保关键技术落到实处。眉县农技站的主要培训周期、内容和地点，见表4-1、4-2、4-3。

表4-1　眉县农技站农业科技培训周期

单位：次，人

物　候　期	农事要点	次数	人数
1~2月（休眠期）	修剪、灌溉、防溃疡病	9	2442
3月（萌芽）	防治病害、嫁接换种	20	5354
4~5月（展叶、开花生果）	疏花授粉、疏果定果	24	6001
6月（幼果发育）	灌水、防日灼	10	2596
7~8月（果实膨大）	水分管理、套袋、追肥	26	5292
9~10月（果实成熟）	采果、贮藏	10	2510
11~12月（落叶）	施肥、防冻	32	7256

表4-2　眉县农技站农业科技培训地点

单位：次，人

培训地点	次数	人数	培训地点	次数	人数
首善镇	18	4526	农广校	4	680
横渠镇	14	3650	协会	1	360
槐芽镇	14	3351	省骨干	2	670

续表

培训地点	次数	人数	培训地点	次数	人数
汤峪镇	19	4623	杨凌	1	200
常兴镇	10	2596	咸阳	1	210
金渠镇	24	5461	岐山	2	606
营头镇	2	560	乾县	1	260
齐　镇	12	3020	扶风	1	270
职教中心	5	408			

表4-3　眉县农技站农业科技按培训内容

单位：次，人

培　训　内　容	次数	人数
春季管理	29	7261
夏季管理	11	2722
秋季管理	1	286
冬季管理	8	2042
考试题、标准化生产技术培训	5	1393
修剪	19	4042
标准化建园技术	2	242
农产品"三品一标"认证	1	82
果园观摩、果园管理	4	1096
技术、除草经验	1	270
授粉技术	2	390
栽培技术	7	1760
新理念、新技术	6	1523
疏果、抹芽、摘心	6	1486
当前管理	5	1230
灌溉、施肥	11	2600
农药安全使用、病害防治	7	1776

培 训 内 容	次数	人数
果园土壤管理	5	1080
大樱桃栽培技术	1	170

乡镇农业技术推广站设置粮油作物栽培技术员、土肥技术员、植保技术员、经济作物栽培技术员、农业信息员、农产品质量安全检测员、农业科教指导员、农业环境监测员等。

（二）农业大专院校和科研院所

随着农业科技创新速度加快，高等农业院校在农业科技培训中的地位和作用不断得到提升。以往我国农业科研和推广培训工作处于分离的状态，在科研和推广培训工作中没有建立起稳定的有效合作与沟通机制。21世纪开始，部分高校开始借鉴美国模式，开始实施科研、推广、培训一体化工程，服务周边专业化农户。现在国家大力推进产、学、研一体化，部分高等院校纳入地方教育体系，尤其是地方农业职业院校，直接为本地区培养农业科技人才，不少毕业生直接走向一线农业科技研究开发和对农民的培训中去。地方政府的投入是农业科研院校投入地方农民科技培训的重要因素，因此许多高校是否有足够的人力、物力投入培训事业中去，主要看财力是否能够达到。因此更多的是，大学职业院校融入其他主体中参与农户培训。

我国的农业科技培训体系主要包括中央级、省级和地方市级在内的多个层级的科研院所，以中央和省级研究机构为主。国家层面的研究工作由中国科学院农业方面的研究所和农业部下属事业单位中国农业科学院来承担。全国省级农业科研机构在1958年成立之初都是中国农业科学院的下属单位，后来管理权下放到省级政府，市级农业科研所也划归本级的政府管理，上级研究院所发挥指导作用。中国农业科学院下属的许多研究所建立在一线研究区域，比如灌溉研究所、水利研究所等。省级农科院根据当地需要建立专业研究所，比如在关中猕猴桃主产区就建立了陕西省农科院下属的果树研究所，针对苹果、猕猴桃等主产作物进行研究和技术培训。市级研究所针对性更强，狭小的区域更能直接对该地所种植、养殖的主要经济品种进行针对性的改良，然后进行推广和技术培训。

（四）涉农龙头企业

在农业产业化生产和经营的过程中，逐步成长起一批农业龙头企业，其能与农民共担风险、共享利益，自身又具备农业生产、农产品加工、农业科技服务、市场销售等综合功能，并且在规模上达到一定标准。它一头连着市场，一头接着农户，既是农户生产经营的主导者，又是进军产品市场的生力军，肩负着带领农户科技创新，促进区域经济发展的重任。近年来随着国家加快农业科技投入，科技进步显著，农业生物技术日新月异，农业高新技术企业如雨后春笋般涌现，我国农业生产力大幅度提升，农产品已经过了那个只追求数量和产量的时代。市场需要高品质、符合食品安全标准的农产品与加工品，另外国家也需要不断增长农民收入，所以我国传统的一家一户的小农经济已经不能适应市场带来的挑战。要解决此问题必须由新的主体去组织标准化生产、带动推动产品质量建设。于是农业龙头企业应运而生。将龙头企业从规模上分类，可以分为国家级、省部级、地市级；而从为农民服务和培训的角度分类，可以分为生产资料提供型、农产品收购加工型、农产品销售型、功能型。

在本次调研的受访农户中有124人参加过由涉农龙头企业组织开展的农业科技培训，占样本总数的13%；另外的824人也参加过龙头企业的其他科技培训。农户愿意参加龙头企业组织开展的农业科技培训的原因主要有三个：与企业签订了农产品订单、企业为农户提供猕猴桃种植过程中的技术指导和企业给农户提供了种子、农药和化肥等，见表4-4。

表4-4　愿意参加企业培训的原因

单位：人，%

	有订单	技术指导	提供种子、农药和化肥等
人　数	58	5	61.0
比　例	46.8	4.0	49.2

（五）农民专业合作社

农民专业合作社是以农户承包经营土地为基础，通过提供农产品的销售、加工、运输、贮藏以及与农业生产经营有关的技术、信息等服务来实现成员互助目的的组织，从成立开始就具有经济互助性。它拥有一定的组织架构，成员享有一定权利，同时负有一定责任。在组织构成上，合作社要求以农民作为经济主体，农民占全部成员的数量不得低于80%，主要由进行相同农产品的生产、销售的公民、企业、事业单位构成。合作社在利益分配上对内部成员不以营利目的为目标，将全部利润返还给成员。在管理机制上，合作社遵循自愿入社退社、民主管理、民主决策等原则，建立区别于企业的管理体制。

为了促进农民的整个农业生产技术水平、提高合作社供给产品的质量，有必要针对农户进行必要的全程培训。以眉县第五村猕猴桃专业合作社为例，其一年举办30多场培训，安排技术员到田间地头指导农户进行猕猴桃的施肥、防治病虫害、贮藏、销售。通过一系列培训活动，合作社统一销售的农产品能够达到同一标准，并贴上地域产品标签和合作社标志，产品在市场上得到好评。在本次调研的受访农户中，只有很少一部分农户参加过专业合作社组织的农业科技培训。具体情况是，141 人参加过由猕猴桃专业合作社组织开展的农业科技培训，占样本总数的 15%；另外的 807 人均参加过专业合作社的其他科技培训。农户通过猕猴桃专业合作社的培训主要学习的是种植技术和销售技能，见表 4 - 5。调查中农户将未参加过合作社培训的原因主要归结为没有此类的培训，见表 4 - 6。

表 4 - 5　通过合作社培训学习的技能

单位：人，%

	育种	种植	病虫害防治	施肥	销售
人数	76	325	132	153	263
比例	8.0	34.3	13.9	16.1	27.7

表 4 - 6　没有参加合作社培训的原因

单位：人，%

	没有	无帮助	不需要
人　数	648	144	156
比　例	68.4	15.2	16.5

二　农业科技培训的供给模式

在传统的以政府为主导的农业科技培训体系出现危机之后，我国农业科技推广工作中培训组织呈现多元主体特征。如何把资源有效组合在一起发挥最大化效率，各地探索了一系列的农业科技培训新模式。各地根据不同的地域特点研究并开展各具特色的农业科技培训模式：（1）河北农业大学——太行山道路；（2）东北农业大学——农业专家在线；（3）南京农业大学——科教兴农的"科技大篷车"；（4）西北农林科技大学——以区域特产产业为服务对象的试验示范站作为基础，采用培训和咨询服务为双翼的农业科技培训模式（简称"西农模式"）。

（一）太行山道路模式

河北农业大学根据太行山区自然灾害频发、人民群众生活贫苦的现状，组建了一支专门服务于该地区的专家团队，综合开发与治理，摸索出一条教学、科研和生产三位一体的科技"太行山道路"。从 1980 年开始，该学校即承担了河北省政府的"太行山区开发"综合推进研究课题，采用教学、科研与生产相结合的方式，把科技培训应用到一线贫困农村，帮助群众走向富裕，走出了一条特色鲜明的"太行山道路"。

太行山道路采用的培训模式主要是建立"三结合"基地。河北农业大学 10 多年来在河北省内建立了 170 多个基地，在基地中实现学校的实践教学、新品种的研发和推广辐射。比如，张北地区基地就先后承担 20 多项科技攻关课题，获得 18 项省部级及以上奖励。基地的培训模式主要依靠当地的农民合作经济组织，以合作社为联系纽带，学校专家带动各种专业技术协会形成技术传播，形成专家带动协会技术骨干、技术骨干教会会员的传播网络。清苑县农林高优合作社将附近 800 多户农民组织起来，统一农资供应、技术管理和产品销售，取得了很好的效益。

此外，河北农业大学通过建市场、办网站、成立专家工作站对农民进行短期培训，举办成果展示活动和提供技术咨询服务。这一举措加快了新成果、新产品和新技术的转化速度，有效地提升了农户的收入水平。

（二）农业专家在线模式

2001 年黑龙江省依靠东北农业大学建立黑龙江农业信息网，为农民提供网上培训与咨询服务。东北农业大学遴选 10 个学科 26

位专家加入农业专家咨询系统，为当地农民提供快捷便利的咨询服务。东北农业大学利用学校学科和人才资源，组织相关专家，采用网络信息技术进行农业科技培训，并向农户提供技术咨询、分析、农产品市场波动规律以及有针对性的病虫害预测及防治等方面的服务。

（三）科技大篷车模式

我国在 2001 年初开发研制了国内首台科普大篷车和车载展品后，陆续开发研制了客车型科普大篷车，目前已在全国范围内广泛使用。专门针对农村的科技大篷车在专门的科技部门资金支持下深入农村一线，采用讲座培训、田间地头指导、核心技术资料发放、专家咨询服务等形式进行农业科技的培训及相关服务。科技大篷车采用专业设计，融合了影视、展板、多媒体、远程教育服务等高科技手段，辅之以书籍、传单等传统手段，实现宣传、培训的内容多样化，使得农民在公共场所能以易于接受的方式增加科技知识。这一创新有力地丰富了农业科技的培训手段、提高了培训的受众面，培训的效果也大大增加。

（四）试验示范站模式——西农模式

西农模式指的是以西北农林科技大学为主体的，以试验示范站为载体的开展农业科技培训和服务的新模式，目前已经在中西部地区推广，深受基层政府和人民群众的喜爱。2005 年伊始，西北农林科技大学在中央政府和省级政府的支持下，借鉴美国农业科技培训推广经验，在总结过去科教结合服务区域农业发展经验的基础上，整合科教资源，探索以大学为主体的农业科技培训服务新模式。经过 10 年时间的摸索与实践，现在已经做出了一条能够有效实现产学研紧密结合、发挥科教单位研究推广优势、有效增加科技成果转化速度，加速农村经济发展，促进农民收入可持续增长的新路子。陕西先后在省内建起白水苹果示范站、眉县猕猴桃试验示范站、阎良甜瓜试验示范站、西乡茶叶试验示范站、清涧红枣试验示范站以及安康水产试验示范站和山阳县核桃板栗试验示范站。河南、海南、安徽等地也建立了数家服务于当地农业的试验示范基地。这样便初步形成了独具西北农林科技大学特色，而且符合我国国情的农业科技推广新模式——"西农模式"：以西北农林科技大学为依托，以建设服务于当地特色产业的示范站为核心，在特色农业主导产业地域建立农业试验示范站，为现代农业的发展提供全产业链的技术咨询、培训、推广服务。

农业产业试验示范站主要是为了有效地解决科技创新与推广的对接问题，农业科技存在科研单位推广最后一公里难题，经常是创新和推广两张皮，难以有效整合。西北农林科技大学1999年以来就逐步探索了大学农业科技培训推广体系。经过探索，农业科技推广新模式——"西农模式"呈现出如下特点：一是技术拥有者直接为农民服务，为解决科技与农业产业实际脱节提供了一种有效方法；二是以一种农民最易于接受的方式为农民提供多方面的有效的科技服务；三是探索出一种科研课题来自实践、实践中的问题能被较快发现和解决的机制；四是初步解决了科技人员不能长期在农业一线扎根和进行持续研究的问题，创建了不断产出成果的条件；五是教师们在实践中获得的知识和经验，对丰富教学内容、提高教学质量有促进作用；六是为面向学生的实践教学、提高学生解决实际问题的能力、提供了可靠的实践平台；七是试验示范站融科技推广和人才培养、科学研究、国际合作交流于一体。

三 农业科技培训供给问题分析

农业科技培训的主体由原来的单一政府主体明显地转入了多

元化的时代，龙头企业、高校、科研院所、合作社纷纷加入农业科技培训工作中来，与此同时，原来的政府培训主体也在悄然发生变化。本章梳理了新中国成立以来农业科技培训主体的变化，也提出了一个问题，即在原来的农业科技培训体系破裂之后，是否形成了新的体系，抑或是出现了新的体系的苗头？新的体系是怎么样运转的，它相对于旧体系的优越性如何？本章最后一节分析在单一的主体破裂之后，各个主体之间的无序状态及其效率。

（一）单一主体向多主体转变的问题分析

单一主体阶段，政府按照计划经济体制，每年制订培训推广计划，在每个环节针对不同区域特点做出指导，但是往往不能够有效地与农民的需求结合起来。而多元主体发展起来之后，龙头企业是以营利最大化为目标的，因此其农业培训围绕企业的发展而开展，特别注意产业质量的监控，在生产的环节更加注重执行标准。但是龙头企业往往更注重企业的利益，而轻视农户的种植效益。合作社是多个农户的利益结合体，但是农户的同质性强，自然组织起来的农户不谙市场规律，有能力促进合作利益增长的带头人，更多是在种子、化肥、农药的购买，以及灌溉、田间管理上合作，部分合作社还出现了销售一体化。也正是因为如此，大多数的合作社按照传统的机制很难发展起来，而若有外来资本强势加入则能够促进合作社大踏步发展，因此许多合作社在向企业制发展。

合作社的科技培训更多地可以起到聚集农民、分享经验的作用，但是缺乏资金支持和科技优势。高校和科研院所的培训优势在于他们的技术，作为种子或者其他生产资料的发明创造者，他们更加懂得培训客体的规律。但是高校和科研院所的劣势也很明显，他们通常远离农村，通常以科研工作为主业，培训推广工作是在其他科研教学工作完成的前提下开展的，如果单独由科研机构高校组织培训，根本无法有效地组织农户。而政府的培训机构——各地的农技站虽然进行了体制转变，但是更多是从本单位"不务正业"慢慢转变为有人、有钱做培训推广工作，但是其工作方法通常和传统的方法在效果上区别不大。笔者通过分析发现，即使传统的培训体系破裂并出现了多元主体，各个主体的劣势依旧很明显，需要合作。

（二）培训主体合作的问题分析

事实上，在农村的科技培训工作出现多元主体后，各个主体就有密切的合作。首先从政府开始讨论，农业技术培训工作是各地农业技术推广站的重要工作，但是现今政府的工作并不是通过县乡两级体系来独立完成，而是依靠与其他的主体的合作。高校与科研机构有技术优势，他们有实力解决农民遇到的常见问题，而合作社可以把农户组织在一起，龙头企业的现代企业管理手段和强大的销售渠道是其优势。以政府的农技推广中心为例，要进行一项推广工作，必须按照上级要求进行计划预算的编制工作；然后把其他主体统一在其规划之内，并进行合理安排是其工作能力的重要体现。在某一项培训中请某个专家、由哪些合作社或者村级组织安排组织农民听讲，等等，都必须有统一的筹划工作。现阶段把多元主体纳入新的培训工作体系中，确实有效地提高了工作效率。但是这种培训体系仍然是以政府为核心的培训工作，在现在大市场的背景之下，政府安排的技术培训工作很难适应瞬息万变的市场需求和农业生产的多种变化。比如，在某一年期猕猴桃的市场需求突然变小，此时需要推广培训贮藏技术与销售技巧，而这往往在年前并没有安排；或者在农村大面积种植猕猴桃之后，溃疡病开始逐步泛滥起来，政府农技中心此时由于工作安排以及技术能力弱，很难有效针对这一状况进行培训工作。在调研的过程中，我们发现农药销售商的培训工作开展得如火如荼，但是农业生产异质性强，多数农药也是治标不治本。

高校、科研院所的培训逻辑以推广科研人员的成果为核心。高等院校或者科研院所具有提高科技转化率的使命，有动机也有能力去做相关的农业科技培训工作。这些单位在开展培训工作时会和政府合作，请政府规划好推广程序，在一定范围内做好培训的组织工作，什么人参加、要达到什么效果均需要和政府部门沟通好。通常情况下两大主体之间的关系比较密切而且融洽，高校培训实际上也为当地的经济发展做出了应有的贡献，其成绩也可以作为当地农业培训推广部门的一部分。具体开展培训的过程中，高校科研院所也有愿望去主导这个过程，尤其是新品种的推广，其推广面积将是科研人员的绩效考核的重要指标，科研人员有动力主导农业科技培训工程。从探索实践来看，无论是"太行山道路""科技特派员"还是"农业专家在线"等推广培训活动，均是高校的科研人员起主要的作用。但是他们主导的科技推广培训的内容，往往连接着科技发明，却和市场有一定的距离。科研人员主导的培训，讲的通常是很有深度也能够让农民方便掌握的内容，却经常脱离市场的情况，比如波尔山羊等产品在市场供给明显大于需求时，其仍然提供增产的技术，结果造成增产不增收。

以合作社和龙头企业为主导的科技培训往往能够直接针对市场。大型的龙头企业和合作社的核心竞争力在于掌握了销售渠道，因此市场需要什么产品，他们就能够按照市场的情况做出预判，解决好农业生产周期长、难以及时调整农业产品的问题。但是合作社和龙头企业现阶段做的农业科技培训都是以利益最大化为目标的，农业科技培训活动为了产品的标准化而实施。具体的培训过程也往往需要联合其他的主体，比如连接政府部门的资源，以及高校、科研院所的科教资源。龙头企业和合作社主导，通过政府组织各种资源，甚至找到著名专家为合作社与农户服务是当前的主要模式。以关中地区猕猴桃产业的发展来看，政府每年对区

域产业发展进行大量补贴，比如眉县每种 1 亩猕猴桃政府补贴 100
元，针对龙头企业和合作社的发展、冷库建设，甚至是培训都有
不同的项目支持。因此，合作社和龙头企业虽然按照自身需要进
行培训，但是它得到政府的大力支持和帮助，其所开展的培训工
作通常也是在政府的规划之下做的。如果两者之间有冲突，则通
常要牺牲自己迁就政府，因此其独立性存在巨大的问题。

在农业科技培训领域各自为战的机制虽然解决了一些问题，
但是整个体系显得杂乱无序，具体实施的时候会遇到诸多困难，
不能从根本上解决效率问题，因此需要创新农业科技培训体系。

四 新西兰的猕猴桃产业发展的经验借鉴

1904 年，新西兰 Wanganai 女子学院的伊莎贝尔院长，从中国
西北的杨子谷将传统野生的新奇水果"杨桃"辗转带回新西兰，
开始了人工栽植猕猴桃的历史。从 20 世纪 50 年代起，新西兰首先
进行了猕猴桃果品的出口，最早出口到日本和欧盟。在 100 余年尤
其是近 50 年的发展过程中，新西兰猕猴桃产业化主要有以下几方
面成功的经验。

（一） 重视农业科技在猕猴桃生产和销售中的作用

发达国家现代农业的共同特点是走农业产业化的道路，就是
发展生产专业化、农产品商品化和重视农业科技在农产品生产和
销售中的重要作用。新西兰猕猴桃产业的优质高效发展就依托于
新型农业科学技术在产业中的推广和应用。新西兰目前拥有已经
经营数十年的新西兰皇家园艺与食品研究所，该机构是世界上规
模最大、科研实力最强的园艺研究所之一，为新西兰的猕猴桃产
业提供强大的技术服务和科技培训；其研究与服务领域包括了育
种、贮藏、保鲜、栽培、果品采摘加工等多个方面；该研究所有 7

个试验示范站、4 个农业科技研究中心和 17 个农业气象站服务于猕猴桃主产区。

栽培技术的更新和研发新品种是猕猴桃产业发展的重要基础，因此，新西兰皇家园艺与食品研究所注重新品种的开发与科学技术的创新。有别于我国事业单位编制的研究机构，新西兰皇家园艺与食品研究所的运营模式为直接服务于农业产业化龙头企业，按照企业的意愿开展猕猴桃品种和进行种植技术的研发；研究所的科研资金由企业资助和国家科研项目资助两部分组成，其中龙头企业的资助占到科研经费的 70% 以上。通过龙头企业有效地将农业技术的源头（科研机构）和技术需求者（果农）紧密联系起来，实现资源的最优化配置。

（二）以龙头企业为经营主体，坚持把果农利益放在首位

新西兰于 1988 年成立了"新西兰猕猴桃市场营销局"（New Zealand Kiwifruit Marketing Board），1997 年"新西兰猕猴桃市场营销局"改名为"猕猴桃新西兰"。该部门实现了对猕猴桃生产、销售各个环节的全方位的管理，包括：品种选育、果品生产、产品包装、冷藏运输及品牌推广、销售等。新西兰猕猴桃营销局并非政府机构，也不是行业协会，实为新西兰猕猴桃产业的龙头企业，旗下专门成立了由果品生产者完全控股的新西兰猕猴桃国际有限公司（ZESPRI）。

典型案例：佳沛新西兰猕猴桃国际市场营销分公司作为新西兰猕猴桃营销市场局旗下的子公司，负责新西兰猕猴桃在全球的营销，为全世界最大的猕猴桃营销公司，也是全球最成功的果蔬产品营销企业之一。该公司于 1997 年成立，而"佳沛"这一中文品牌是该公司于 1998 年推出的，借此拉近品牌与中国消费者的距离，充分传达了新西兰猕猴桃"佳境天成、活力充沛"的特色（猕猴桃在新西兰被称为"奇异果"）。佳沛的成立与营销局的发展以及整个新西兰猕猴桃行业的发展分不开。

ZESPRI 的股份归相关新西兰果农所有，该公司由所有果农按照其种植面积与产量比例出资入股，因此也根据股份的多寡实现利润分红和追加投资。具体的营运过程中，先由佳沛公司组织收购所有果农的猕猴桃，并首先预付果农种植生产成本费，包括种植、采摘、贮藏以及保鲜的费用，大约占到总费用的 30%，其余的 70% 要在市场销售结束时，视情况而定。如果出现供大于求的局面，价格下降，则果农收入会相应减少。如果果农能够提供上市早、口感好，而且甜度高的产品，果农也可获得额外的奖励。政府出台了法律，只允许佳沛公司经营猕猴桃，其他公司或者农户经营相关产业则违法。可以说，公司与果农之间是一种利益共同体的关系。佳沛公司作为当地的龙头企业，垄断了整个新西兰猕猴桃的对外出口渠道，是新西兰果农和国际市场连接的唯一桥梁。正因为如此，该公司一方面通过行业垄断整合了国内的资源，避免了国内企业间的过度竞争，有利于掌握定价权从而共同提高收入，一致对外。另一方面通过果农产权的明晰，保障了公司和果农之间供需的稳定，减少了中间交易环节，从而大大提升了产业运行效率。

病虫害是猕猴桃种植过程中要解决的一个主要难题。2010 年，新西兰丰盛地区检测出猕猴桃细菌性溃疡病（PSA），该病毒通过空气中的孢子传播，迅速蔓延到全国其他地区的猕猴桃种植园，并波及澳大利亚等猕猴桃种植国。当年年底，新西兰有 800 多家种植园的猕猴桃感染了 PSA。在最严重的蒂普基镇（Te Puke）地区有近 85% 的果树感染了该病毒，这些果树在 2012 年都没有收成。佳沛公司 2011 年 8 月开始研究 PSA 的解决方案，支持那些即将失去种植园的农户和遭受严重损失的区域，使猕猴桃产业在与病虫害的长期斗争中取得胜利。

佳沛能获得如此巨大的成功与其独特的一体化经营模式是分

不开的。一体化主要体现在两个方面:一方面是横向一体化,通过对生产中的各个环节的整合,能够充分发挥规模效益;另一方面是纵向的一体化,向上游和下游产业进行一体化,这延长猕猴桃的产业链,在内部合作、市场供需调解、深加工等方面都存在利益分享。目前,新西兰猕猴桃已经在全世界70余个国家销售,占全世界猕猴桃市场份额的30%,在欧洲已经达到80%,取得了巨大的成功。

(三) 立法保障猕猴桃产业发展

自20世纪50年代新西兰开始发展猕猴桃产业以来,政府先后制定了各项相关的法律法规以促进猕猴桃产业化发展。1953年,新西兰政府颁布了《农产品销售法》确保果农掌控和营销自己的猕猴桃产品。之后又出台了数项法律,至1999年,政府颁布《猕猴桃产业化重建法案》和《新西兰猕猴桃营销法》,规定新西兰猕猴桃实行单一的准许机制,即授权佳沛公司为唯一的新西兰猕猴桃出口商,运销所有海外出口市场。2004年,受国际市场的影响和其他国家猕猴桃产品的冲击,新西兰政府又修订了《新西兰猕猴桃营销法》,加强对出口果品质量的管理,实施免税许可等鼓励新西兰猴桃出口的营销策略,制定猕猴桃分类分级标准,以提高果品的销售价格。通过上述法律法规的制定和实行,新西兰在推进猕猴桃产业化发展的同时也从根本上保障了猕猴桃种植户的利益。

第五章 猕猴桃主产区农户农业 科技培训的需求分析

一 国内外猕猴桃产业的发展进程

（一）国外猕猴桃发展状况

猕猴桃原产于我国，长期以来处于野生状态。直至 1904 年，一位在中国传教的新西兰传教士把中国野生猕猴桃种子带回本国交给农民栽种，猕猴桃才走上了人工栽培的道路。由于品种改良、科学的栽培技术、适宜猕猴桃生长的自然环境以及持续扩大种植面积等多项有利因素，新西兰所生产的猕猴桃产量显著增加、品质大为提高，并于 1952 年开始出口到世界各地。从 20 世纪 70 年代起，新西兰猕猴桃 "Kiwi fruit" 成为国际性的名称，其中文译名 "奇异果" 也越来越被人们所知晓。新西兰已成为国际市场上猕猴桃的主要出口国家之一，2005 年的数据显示新西兰的猕猴桃进口率仅 2.8%，而出口率高达 93.2%。目前，世界上已有 30 多个国家栽培和种植猕猴桃，主要分布在法国、希腊、意大利、以色列、日本、韩国、西班牙、葡萄牙、美国、加拿大、土耳其、伊朗、中国大陆和台湾以及东欧一些国家，还有澳大利亚、智利、新西兰、南非、津巴布韦、阿根廷、乌拉圭等国。

由于猕猴桃的价值得到广大消费者的认可以及世界猕猴桃市场的日趋规范与完善，世界猕猴桃产业近年来也得以快速发展。

联合国粮农组织的统计数据显示，进入 21 世纪以来不论是猕猴桃的种植面积还是产量都呈上升的趋势，2011 年猕猴桃的收获面积 9.4 万公顷，产量 149.2 万吨，收获面积是 2001 年的 1.74 倍（张计育等，2014）。但是国外猕猴桃的品种比较单一，中华猕猴桃和美味猕猴桃总体上各占 15% 和 85%，其中美味系列的栽培品种 95% 以上为海沃德。

（二）国内猕猴桃产业发展现状

猕猴桃原产于我国，现存的古文献中有不少记载，唐代段成式的《酉阳杂俎》说它又名"猴骚子""蔓生"，"子（果实）如鸡卵，既甘且凉，轻身消洒"。直至 20 世纪 80 年代猕猴桃在我国才开始进行大规模商业化经营，目前，我国拥有世界近半的猕猴桃种植面积，猕猴桃产量也居世界前列。我国的国土面积居世界第三，地形、气候多种多样，尤其山区面积占总面积的 2/3，这使得野生猕猴桃的种质资源十分丰富，为猕猴桃产业的发展提供了良好的客观条件。此外，科研工作者一直致力于猕猴桃的研究，政府对猕猴桃产业的发展也持大力支持的态度。

从种植面积和产量的发展来看，1990 年我国的猕猴桃种植面积仅为 4000 公顷；1996 年为 4 万公顷；2002 年为 5.7 万公顷；2008 年为 6.5 万公顷，占世界栽培总面积的 46.0%，居世界第一，产量 45.8 万吨，占世界总产量的 26.0%，居世界第二；到 2009 年，种植面积约为 7 万公顷，占世界总面积的 45.0%，产量已达 46.7 万吨，占世界总产量的 26.6%，二者均居世界第一。目前我国有 20 多个省份种植猕猴桃，其中猕猴桃主要种植省份为陕西、四川、湖南、湖北、河南、安徽、浙江等（具体分布见表 5-1）。种植面积以陕西为首，在陕西境内又主要分布在眉县、周至两地，两地的猕猴桃种植面积占全国种植总面积的 60.0%，占全球的 1/3。

从种植品种来看，我国的猕猴桃品种多种多样，如中华系列有红阳、华优、翠玉、早鲜和金艳，美味系列有海沃德、秦美、米良1号、金魁和徐香，其中红阳和海沃德的种植面积最广，遍及四川、陕西、河南、湖北多个省份，仅二者的种植面积就占总面积的37%。

表5－1　2010年中国主要猕猴桃栽培品种的面积及产区

单位：公顷，%

种类	品种	面积	所占比例	主要种植区域
中华系列	红阳	17833	15.5	四川、陕西、河南、浙江、湖南、湖北、陕西
	华优	6667	5.8	陕西
	翠玉	2000	1.7	湖南、四川
	早鲜	1867	1.6	浙江、江西、安徽
	金艳	1334	1.2	四川
美味系列	海沃德	24643	21.5	四川、陕西、河南、贵州、安徽、湖北
	秦美	19065	16.6	陕西、河南、贵州
	米良1号	10965	9.6	贵州、湖南、浙江、福建
	金魁	4853	4.2	江西、福建、湖北、安徽
	徐香	4757	4.2	浙江、江苏、陕西等

资料来源：第四届全国猕猴桃学术会议。

虽然我国猕猴桃产业的发展近年来取得了可喜的成绩，但是在国际市场上，与新西兰等发达国家的猕猴桃产业相比，我国的猕猴桃在品质、知名度和占有率等方面还不尽如人意，亟待形成一条完整的果品生产、贮藏、加工、营销的产业链条。

（三）陕西猕猴桃产业发展现状

陕西猕猴桃集中栽植在秦岭北麓和汉江流域。陕西省不仅是世界野生猕猴桃种质资源的聚集区，是美味猕猴桃、中华猕猴桃交会区，也是我国人工栽培猕猴桃较早的省份。陕西省猕猴桃适宜栽植区域约为 100 万亩，主要分布在以周至、眉县为中心的地区，南起秦岭北麓，北至渭河以南，向西延伸至宝鸡渭滨区，向东延伸至渭南潼关，位于海拔 450～650 米，宽 5～10 千米的山前洪积扇地的秦岭北麓猕猴桃产业带。陕西自 20 世纪 70 年代末人工栽植猕猴桃至今，经历了以下四个发展阶段。

第一阶段（1980～2000 年），猕猴桃产业的起步阶段，果品产量持续、快速增长。这一时期陕西猕猴桃的种植主要集中在秦岭北麓，该区域南倚秦岭，处在背风坡，在林带与风障的保护下，猕猴桃生长快，坐果率高，果大并且成熟。更重要的是该地区病虫害少，农药的使用量小。在这 20 年里，由于猕猴桃国际、国内市场的大量需求，猕猴桃种植面积和产量急剧增加，农户在增产增收的同时意识到农业科学技术的对农业生产的支撑作用。在品种上，主要以"秦美"品种为主，该品种具有产量高、病虫害少、口味酸甜适中等特点，从 20 世纪 80 年代至今一直得到广泛的种植。

第二阶段（2000～2006 年），膨大剂的过度使用，引发了陕西省猕猴桃产业发展的低迷期。受小农思想的制约，2000 年前后果农片面追求单位产量而忽视果品质量和市场需求量。膨大剂使用后猕猴桃亩产量有较大的增长，但是果品的口感和储存时间却明显下降了，这给陕西省乃至全国的猕猴桃产业带来了巨大的冲击。在最低迷时期，市场上每市斤"秦美"猕猴桃的售价低至 0.5 元。且产量的突然增长造成了市场的过饱和，低价的猕猴桃还面临难以销售的困境。这一时期，果农的利益受到了极大的损害。

第三阶段（2006～2010 年），农业科技的推广和应用，带来了陕西省猕猴桃产业的复苏。为了使陕西的猕猴桃产业能走出低谷、实现可持续发展，国家相关部委和陕西省加大了对猕猴桃农业科技推广的支持力度，实施包括育种、果品生产、冷藏、品牌推广及广告销售等产业链上各个环节的培训，不断探索多元化的农业科技推广服务，如形成了以大学为依托的农业科技推广"西农模式"、校县合作的"科技入户培训工程"。从新西兰引进了新品种——海沃德和徐香，丰富了猕猴桃的种植品种，海沃德品种的推广种植取得了较好的经济效益。培育出"红阳"品种（一种红心猕猴桃），并逐步推广。

第四阶段（2010年至今），这是猕猴桃产业化发展的又一个高峰期，在这一阶段非常重视效益和新品种的选育与推广。随着政府、高校、科研机构和农户对农业科学技术逐步的重视，陕西省猕猴桃产业迎来了一个优质高效发展的黄金时期，猕猴桃种植面积、产量和果农收入连年增长。种植区域已经由原来的秦岭北麓向秦岭南麓的汉中等地发展，2014年年底，汉中市起草规划《2015—2025年猴桃产业发展规划》。在新品种选育与推广方面，继"红阳"品种之后，于2012年成功选育出新优红心猕猴桃新品种——"脐红"。"脐红"的成功选育，可以有力地优化陕西猕猴桃品种结构并继续保持规模优势，增强陕西猕猴桃参与国内外竞争的实力。这一时期的另一个主要特点是龙头企业和专业合作社的发展和壮大，出现了奇峰果业、金桥果业和第五村猕猴桃专业合作社等一批有实力的农业产业化龙头企业和合作社。

二 调查方案和数据来源

农户是产生农业科技培训需求的基础。然而，现有的研究大多没有站在农民角度分析和研究问题。本研究在陕西省关中地区猕猴桃主产区开展入户问卷调查，深入分析农户对农业科技培训的实际需求。

（一）调查地点的选取

本书研究数据来源于2012年7月和8月西北农林科技大学农

业科技推广项目课题组在陕西省眉县和周至县的实地调查。陕西省眉县和周至县位于关中地区秦岭北麓，是我国三大猕猴桃最佳优生区之一。早在 1978 年，眉县和周至县在陕西省就率先开始了猕猴桃人工栽培的尝试，十年间经济效益凸显，果农收入逐年增长。因此，1988 年起眉县和周至县大面积推广猕猴桃的种植。历经 30 多年的发展，猕猴桃产业迅速发展壮大，已成为支撑县域经济发展的主导产业和农民增收致富的支柱产业。周至县是我国最大的猕猴桃生产基地，也是全国唯一的猕猴桃标准化管理示范县，被称为"猕猴桃之乡"。眉县被中国果菜专家委员会确定为中国猕猴桃无公害科技示范县、中国优质猕猴桃生产基地县、全国优质猕猴桃生产基地、国家级猕猴桃标准化生产示范区。眉县的猕猴桃产业覆盖了全县 8 个镇、121 个行政村、6.8 万户农户，分别占全县行政村和总农户的 98%、88%（周保君，2013）。2006 年，眉县政府和西北农林科技大学合作"猕猴桃产业化科技示范与科技入户工程"，建成各种技术研究推广机构 6 所，培养科技人员 100 多名，培养乡土人才 300 余名，培养猕猴桃科技示范户 3000 多户，4 万多果农基本掌握了与猕猴桃生产相关的农业科学技术。总体而言，眉县和周至县的猕猴桃产业已经初具规模。

（二）调查方法和问卷设计

调查采取入户问卷调查的形式，抽样方法是多级整群抽样。整群抽样（Cluster sampling）是将总体中各单位归并成若干个互不交叉、互不重复的集合，称为群，然后以群为抽样单位抽取样本的一种抽样方式。应用整群抽样时，要求各群有较好的代表性，群间差异要小。首先，我们在眉县和周至县各选取 2 个乡（镇）。其次，每个乡（镇）抽取 2 个村。眉县是金渠镇（红星村和第二坡村）和首善镇（第五村和红东村），周至县是哑柏镇（庄头村和吕家堡）和竹峪乡（凤凰岭和丹阳村）。再次，经实地走访确认以上8个村都以猕猴桃种植为主导产业。最后，采用随机抽样的方法在每个村选取125户农户开展调查。此次调查共1000户农户填写了调查问卷，获得有效问卷948份，有效率为94.8%。

为了保证调查问卷的有效性，在正式调查之前，课题组成员于2012年4~7月在眉县农技站和各乡村进行了多次实地走访。根据研究框架和农户访谈的基本情况，设计符合主题并切实可行的调查问卷。正式调查之前我们在样本村实行了预调查，从中发现问题并及时对问卷进行了修改。本次调查问卷包括四个方面的内容：①猕猴桃主产区农户个人的基本情况；②猕猴桃主产区农户家庭的基本情况；③农业科技培训的基本情况；④涉农龙头企业和专业合作社参与农业科技培训的情况。问卷具体结构如表5-2所示。

表5-2 问卷结构与相应问题

问卷结构	调查内容	问卷相应问题
第一部分	农户个人基本情况	性别、年龄、婚姻状况、文化程度、家庭成员数、与家庭成员的关系
第二部分	家庭基本情况	家庭收入、耕地面积、种植品种、冷库、农药使用情况
第三部分	农业科技培训的基本情况	是否培训、培训需求程度、培训形式、培训时间、培训地点、培训内容掌握程度
第四部分	龙头企业、专业合作社参与农业科技培训的情况	是否参加合作社、合作社农业科技作用、龙头企业订单、农户寻求合作社科技支撑、销售渠道

三 样本描述

（一）样本特征的一般性描述

（1）农户个人的基本情况。如表5-3所示，本次调查中男性

594 人，约占 62.7%，女性占 37.3%。男女比例适中，男性略多于女性。在年龄结构方面，以 40~60 岁的中老年人为主，占到了六成以上；61 岁以上 124 人，占 13.1%；30 岁及以下 94 人，仅占 9.9%。这说明由于农村中青年劳动力较多都外出务工，实际上在家务农的都是中老年人。样本的婚姻状况以已婚为主，还包括未婚、丧偶和离婚的农户。

表5-3 农户基本情况

单位：人，%

类型	选项	人数	比例	类型	选项	人数	比例
性别	男	594	62.7	婚姻状况	未婚	47	5.0
	女	354	37.3		已婚	873	92.0
					离婚	4	0.4
					丧偶	24	2.6
年龄	30 岁及以下	94	9.9	文化程度	文盲	65	6.9
	31~40 岁	150	15.8		小学	184	19.4
	41~50 岁	333	35.1		初中	547	57.6
	51~60 岁	247	26.1		高中	121	12.8
	61 岁及以上	124	13.1		大专及以上	31	3.3
从事猕猴桃种植	2 人及以下	660	69.6	家庭人口数	3 人及以下	161	17.0
	3 人	130	13.7		4 人	316	33.3
	4 人	114	12.1		5 人	259	27.3
	5 人及以上	44	4.7		6 人及以上	212	22.4
每户猕猴桃种植面积	2.0 亩以下	51	5.4	农户人均收入	0~2000 元	60	6.3
	2.1~5.0 亩	436	46.0		2001~5000 元	179	18.9
	5.1~7.0 亩	303	32.0		5001~8000 元	215	22.6
	7.1~10.0 亩	137	14.4		8001~10000 元	148	15.6
	10.1 亩及以上	21	2.2		10001 元及以上	346	36.6

（2）农户家庭种植猕猴桃的情况。如表 5-3 所示，农户家庭

人口以 4 ~ 5 人为主，占总数的 60.6%；3 人及以下的 17.0%，6 人及以上的 22.4%。其中，近七成的农户家庭中仅有 1 ~ 2 人从事猕猴桃种植，3 ~ 4 人的占总户数的 25.8%，5 人及以上的仅有 44 户。根据实际调查和走访情况，农户家庭中主要还是老年人在家务农，中青年一般在县城及周边地区打工，农忙时节（猕猴桃授粉、施肥、采果、剪枝等）回家帮忙，有些农户也会在农忙时雇用临时工。猕猴桃种植面积为 2.1 ~ 5 亩的 436 户，5.1 ~ 7 亩的 303 户，10.1 亩以上的种植大户仅有 21 户（2.2%）。陕西关中猕猴桃主产区基本都是农户分散各自种植猕猴桃，较难实现土地流转。因此，10 亩以上的种植大户并不多。由于猕猴桃市场需求量大，农户种植猕猴桃的收入明显高于种植粮食作物，人均收入 5001 元以上的有 74.8%，其中 10001 元以上的有 36.6%。

（3）农户参加农业科技培训的情况。如表 5 - 4 所示，在调查样本中参加培训的有 812 人，未参加过培训的 136 人。在参加过培训的 812 人中，男性 516 人，占总人数的 64%，女性 296 人；在未参加过培训的 136 人中，男性 74 人，女性 62 人。表 5 - 5 统计了有培训经历农户及其年龄的情况，首先参加过培训的农户中年龄在 41 ~ 50 岁的最多，有 290 人，其次是 51 ~ 60 岁的农户；30 岁以下的年轻人最少，仅有 75 人。

表 5 - 4　培训经历与农户性别

单位：人

培训经历	性　别		合计
	男	女	
参加了培训	516	296	812
未参加培训	74	62	136
合　　计	590	358	948

表 5 – 5　培训经历与农户年龄段

单位：人

培训经历	年龄					合计
	30 岁及以下	31～40 岁	41～50 岁	51～60 岁	61 岁及以上	
参加了培训	75	124	290	213	110	812
未参加培训	19	24	47	33	13	136
合　　计	94	148	337	246	123	948

（二）农户农业科技培训需求分析

对农业科技培训的需求进行分析所要解决的问题是：农户所能接受的培训内容、培训时节和地点、培训师以及何种形式的培训。从本次调查发现，93.5% 的农户愿意参加农业科技培训，而在参加过培训的农户中 62.5% 的农户认为自己每次参加培训所能够理解和掌握的内容都在 50.0% 以下。以下几个因素是农户认为其不能完全学会培训内容的原因：培训形式不利于农业科技知识的获取、培训内容不切合农业生产实际以及自身的知识水平有限，等等。这说明目前的农业科技培训和农户实际的培训需求不完全相符。

（1）农户的文化程度。农户的文化程度和知识水平是直接影响其对培训掌握度的首要因素。统计数据显示，文化程度为文盲的农户对培训内容掌握在 30.0% 及以下的占到了 35.6%，只有 30.0% 的农户能基本掌握培训内容。而受教育水平在大专及以上的仅有 1 人不能很好地掌握培训内容，他们中近 60.0% 的人能够掌握培训内容的 80.0%。农户的文化程度水平与其对农业科技培训的掌握程度呈现明显的递增趋势，农户文化程度越高的农户对农业科技培训内容的掌握度越高。

表5-6 农户文化程度与培训掌握度

单位：%

文化程度		培训掌握度			合计
		30%及以下	50%	80%	
文盲	计数	21	20	18	59
	文化程度中的比例	35.6	33.9	30.5	100.0
	总数的比例	2.3	2.2	2.0	6.5
小学比例	计数	35	80	60	175
	文化程度中的比例	20	45.7	34.3	100.0
	总数的比例	0.7	8.9	6.7	16.3
初中比例	计数	69	253	187	509
	文化程度中的比例	15.2	48.7	36.0	100.0
	总数的比例	1.7	28.1	20.8	50.6
高中	计数	9	50	58	117
	文化程度中的比例	7.7	42.7	49.6	100.0
	总数的比例	0.1	5.6	6.4	12.1
大专及以上	计数	1	4	7	12
	文化程度中的比例	8.3	33.3	58.3	100.0
	总数的比例	0.1	0.4	0.8	1.3

（2）农户期望的培训内容。由于样本农户均以种植猕猴桃为主导产业和主要收入来源，因此对农业科技培训的需求多与猕猴桃相关。目前，农户最期望的培训内容是猕猴桃种植技术，主要涉及育苗、整形修剪、疏花疏果、施肥、喷洒农药、病虫害防治和灌溉等几个方面。除了猕猴桃栽培种植技术的培训，还关注猕猴桃的贮藏、销售和深加工技术的农户分别为23.7%、39.6%和16.9%。可见，随着农业产业化和市场化的发展，农户已经从原先只注重农业生产向关注全产业链转变，开始期望学习农产品销售、反季节贮藏、农产品深加工等方面的知识和技术。

（3）农户对培训时间、季节、地点的偏好。在培训时间的选择上，农户倾向于 1 天时间内的占 87.1%，选择 2~3 天的为 9.3%，选择 4 天以上的仅占 3.6%；在培训时节方面，有 52.4% 的农户选择根据农业生产需要随季节安排；在培训实施地点上，大多数农户选择了以本村为培训地点，为 70.5%（见表 5－7）。这说明农户喜欢短而快、遵循农产品种植的季节性特点且就近在本村举办的短期培训。

表 5－7　农户对培训时间、时节和地点的选择

单位：%

培训时间		培训时节		培训实施的地点	
1 天以内	87.1	农闲时节	36.9	县城	1.1
2~3 天	9.3			乡镇	4.1
4~7 天	1.8	根据农业生产需要随季节安排	52.4	本村	70.5
8~14 天	0.8			就近	24.3
15 天以上	1.0	随时举办	10.7		

（4）农户对培训师的选择。农户最乐于接受的培训师为专家教授和农技人员（见图 5－1），分别占调查的 45.6% 和 39.4%。专家教授能够带来新知识、新理念和新方法，可以开拓种植户的视野；农技人员长期工作在生产一线，了解农业生产的实际情况，又有丰富的培训经验。

（5）农户对培训形式的偏好。由表 5－8 可知，农户最能接受的培训形式是田间示范，有 70.1% 的农户选择该项。其次是课堂讲授和入户指导，分别占调查对象的 12.9% 和 9.2%。而喜欢参观、会议和电视视频、广播形式的不多，都在 5% 以下。农户的文化水平较低，抽象的理论知识相对来说他们难以理解和掌握，因此喜欢直观、易于模仿、与生产实际相结合的培训形式。

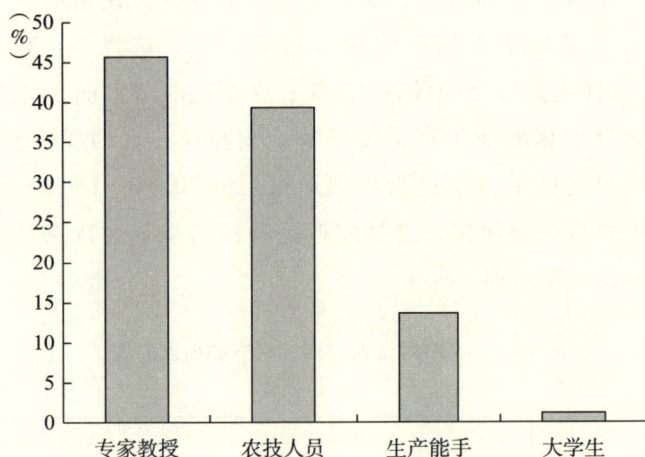

图5-1 农户对培训师的选择

表5-8 农户能够接受的培训形式

单位：人，%

项目	课堂讲授	田间示范	会议形式	参观学习	电视视频、广播	技术人员入户指导
人数	121	658	28	31	14	86
比例	12.9	70.1	3.0	3.3	1.5	9.2

四 研究假设和模型选取

（一）理论框架和研究假设

农业产业化经营是继家庭联产承包责任制后，在我国出现的一种新型农业生产经营体制。农业产业化发展对农业科技培训的影响，主要有两个途径。一是农业产业化经营的组织模式。发展初期出现的是"公司＋农户"的模式，由于缺乏相应的利益连接机制，公司和农户相互之间无法实现有效的合作。在此基础之上，近几年，"龙头企业＋合作社＋农户"和"龙头企业＋政府组织＋

农户"成为农业产业化经营的主要组织模式（李成贵，2002；张晓山，2006；喻国华，2008）。龙头企业和专业合作社起到连接农户和市场的纽带作用，它们成为产业化发展的中介组织。吴志雄（2006）认为农业产业化经营的发展过程就是发展农业合作组织的过程。党的十七大报告指出，发展农业专业合作组织支持农业产业化经营，以产业化需求为导向的合作社的发展为农业科技培训提供了良好的契机和平台（石骏，2013）。

二是促进科技在农业中的应用。实行农业产业化经营，为科学技术在农业生产中的应用提供了可能。一方面，涉农龙头企业自身具有人才、资金、技术、设备等方面的优势，既可以自己投资进行农业科技推广与培训，也可以聘请各大农业院校，或者科研院所的专家给予指导；另一方面，专业合作社作为农户自己组建的自治组织，能够将许多农户联合在一起，有利于科学技术的指导和推广，既方便又节省费用。农业产业化经营还需要以高素质的农业劳动者为支撑。农业产业一体化经营方式要求农民集生产者、管理者和经营者于一身，成为"有文化""懂技术""会经营"的新型农民。

本研究依据 Popkin（1979）"理性小农"假设：小农是有理性动机的行为个体，是"一个在权衡自身利益之后，为追求最大利益而做出合理生产抉择的理性经济人。一方面是其自身的利益，另一方面是与其他人讨价还价以达到相互可接受的结果"。本研究还依据 Schultz（1961）关于改造传统农业的相关理论，现代农业的出路在于寻找一些新的、廉价的现代农业生产要素和创造外部条件。一旦投入能够在现有价格水平上获得利润，农户便会积极选择投入。笔者在以往学者研究成果的基础上，提出以下研究假说。

假设 1：加入合作社和参与合作社活动的农户，会具有更强烈的培训意愿。在农村社会中，典型的原子化、分散的农民很难组织起来，在单家独户的小生产情况下，由于经济实力弱小，承受风险的能力不强，农户不敢投入较多的成本来采用新技术和改善生产条件，从而在农产品的品质、农药残留等方面难以得到根本的改善，造成农业增产不增收。国内外缓解小农与市场的矛盾的成功途径是在农产品生产、加工、流通、服务领域大力发展农民自己的合作组织——农民专业合作社，从而把家庭经营与合作经营的优势有效地结合起来。合作社可以有效地将农民组织起来，在合作社中的农户，由于处于整个技术传播的信息网中，有强烈的培训意愿。

假设2：农户对现代农业生产要素的需求程度与培训需求意愿呈正相关关系。农户对新设备、新品种、新技术的态度直接影响其培训需求程度。

假设3：政府的公共政策与培训需求意愿呈正相关关系。政府在农业科技推广与培训方面的项目支持，如科技入户工程、阳光工程、科技特派员指导项目，能够有力地促进农民参与农业科技培训的积极性。公共政策对农业产业的支持力度越大，农户的培训需求意愿越强烈。

（二）模型的选取

本书采用有序 Logit 回归模型进行分析，因变量 y 为农户参与农业科技培训的意愿，y 有 k 个等级的有序变量。在本研究中 $k=4$，即 y_1 为"完全不需要"，y_2 为"无所谓"，y_3 为"一般需要"，y_4 为"非常需要"。$x_T = (x_1, x_2, \cdots, x_n)$ 为自变量。记 Y 的等级为 i（$i=1, 2, \cdots$）的概率为：$p(y \geq i/x)$，则等级大于等于 i 的概率为：

$$p(y \geq i/x) = p(y = 1/x) + p(y = 2/x) + \cdots = i/x)$$
$$= p_1 + p_2 + \cdots + p_i$$

称 $p(y \geq i/x)$ 为等级大于等于 i 的累积概率。做 logit 变量：

$$logit(p(y \geq i/x)) = \ln \frac{p(y \geq i/x)}{1 - p(y \geq i/x)}$$

有序变量的 logistic 回归模型定义为：

$$logit(p(y \geq i/x)) = -a_i + \sum_{i=1}^{k} \beta_i x_i, i = 1, 2, \cdots$$

等价于

$$p(y \geq i/x) = \frac{1}{1 + \exp + \left[-\alpha_i + \sum_{i=1}^{k} \beta_i x_i \right]}$$

该模型实际上是将 k 个等级分为两类：$\{1, 2, \cdots\}$ 与 $\{i + 1, \cdots\}$。在这两类基础上定义的 Logit 表示属于 $k-1$ 个等级的累积概率（$P(y \geq i/x)$）与前 i 个等级的累积概率的比数之对数，故也称该模型为累积比数模型。

五 研究变量的选取

根据上述研究假设将影响农民参加农业科技培训需求意愿的因素分为农户参与专业合作社、农民对农业科技的态度、农业公共政策三类。考虑到农户个体和家庭的特征，如性别、年龄、文化程度、培训经历、种植成本和耕地面积对研究结果的影响，将其作为控制变量进入模型。各变量的名称、含义和描述性统计分析结果，见表 5-9。

表 5-9 变量的含义及统计数据

变量名称	变量含义	均值	标准差	预期方向
控制变量				
性别（x_1）	1 = 男性，0 = 女性	0.63	0.484	+ / -

续表

变量名称	变量含义	均值	标准差	预期方向
年龄（x_2）	1 = 30 岁及以下　2 = 31~40 岁 3 = 41~50 岁　4 = 51~60 岁 5 = 61 岁及以上	3.17	1.146	-
文化程度（x_3）	1 = 文盲　2 = 小学　3 = 初中 4 = 高中　5 = 大专及以上	2.86	0.843	+
培训经历（x_4）	0 = 否，1 = 是	0.86	0.345	+
种植成本（x_5）	农户年均种植猕猴桃的成本（元）	9287.86	7689.278	-
耕地面积（x_6）	耕地面积（亩）	6.30	2.272	+/-
解释变量				
是否参加了农业合作社（x_7）	0 = 否，1 = 是	0.15	0.357	+
是否参加农业合作社的活动（x_8）	0 = 否，1 = 是	0.61	0.487	+
采用新技术、新品种的态度（x_9）	1 = 不愿采用　2 = 看到别人用得好时才采用　3 = 主动采用	2.43	0.581	-
科技培训对增产增收效果的评价（x_{10}）	1 = 基本没作用　2 = 有点作用 3 = 有作用　4 = 十分有作用	3.07	0.691	+
对国家惠农政策的满意度（x_{11}）	1 = 很不满意　2 = 不太满意 3 = 一般　4 = 比较满意 5 = 非常满意	4.34	0.712	+
对当地农业科技推广与培训的满意度（x_{12}）	1 = 不满意　2 = 满意 3 = 非常满意	1.93	0.584	+

　　注："+"表示作用方向为正，"-"表示作用方向为负，"+/-"可能为正也可能为负。

　　（1）农户个体和家庭特征。借鉴赵帮宏等（2010）、徐金海等（2011）的研究成果，选取农户的性别、年龄、文化程度和是否接受过培训4个变量来反映农户的个体特征；选取农户家庭猕猴桃种植面积和种植成本2个变量来反映农户的家庭特征。由于以往学者大多研究了农户特征对培训意愿的影响，因此，本研究将以上6个变量均作为控制变量引入计量模型。

（2）农户参与专业合作社的情况，主要反映农户加入合作社和参与合作社活动对培训意愿的影响。专业合作社通过资金、技术和销售网络等渠道影响农民参加培训的需求意愿，有合作社经历的农户具有更高的培训意愿。此外，有些农户虽然没有明确加入合作社，但参与合作社的活动也会提高农户的培训意愿。

（3）农户对农业科技的态度，主要反映农户能够掌握农业科学技术的程度。猕猴桃种植户采用新品种、新技术的态度越积极，参加培训的意愿就越强烈，因为农户需要通过农业科技培训来学习使用新型的农业技术。另外，只有当农户认可农业科学技术对农业生产的促进作用，才会有积极的培训需求意愿。

（4）农户满意度，主要衡量农户满意度对培训需求意愿的影响。依据西蒙的有限理性，"满意度原则"是指人们做实际决策的依据是其当时的满意度，借鉴李嘉和杨锦秀（2012）对农民培训满意度的实证研究，本章选取农户对国家农业科技培训政策的满意度、农户对当地农业科技培训的满意度以及培训对增产增收的效果3个因子为自变量。

六 计量模型估计结果及分析

（一）模型运算

在分类选取上述12个自变量的基础上，利用STATA10.0软件进行有序Logit回归运算。鉴于控制变量对模型运算结果的影响，模型（1）～模型（4）是控制变量全部进入模型，其他三组自变量分别进入模型，运算结果见表5－10。

表 5–10 有序 Logit 回归运算结果

影响因素	变量	模型（1）	模型（2）	模型（3）	模型（4）
控制变量	性别（x_1）	0.2432* (0.1440)	0.1697 (0.1516)	0.0968 (0.1550)	0.0844 (0.1611)
	年龄（x_2）	−0.1157* (0.6805)	−0.1107** (0.7112)	−0.1651** (0.0731)	−0.1657** (0.0753)
	文化程度（x_3）	0.1319 (0.8896)	0.0912 (0.9927)	0.1201 (0.0950)	0.0691 (0.0976)
	培训经历（x_4）	0.7814*** (0.2137)	0.6386*** (0.2469)	0.7386*** (0.2379)	0.6718** (0.2661)
	种植成本（x_5）	−0.0000** ($9.79e-06$)	−0.0001* (0.0001)	−0.0001** (0.0001)	−0.0001* (0.0001)
	耕地面积（x_6）	0.0835*** (0.0307)	0.0704** (0.0322)	0.0681** (0.0328)	0.0575* (0.0341)
合作社	是否合作社社员（x_7）	0.2319 (0.1979)	0.1242 (0.2091)	0.2084 (0.2065)	0.1196 (0.2185)
	是否参加合作社的活动（x_8）	0.2885** (0.1404)	0.1532 (0.1475)	0.1693 (0.1515)	0.3666** (0.1340)
农户对农业科技的态度	采用新技术、新品种的态度（x_9）		0.2423* (0.1249)		0.2157* (0.1325)
	科技培训对增产增收的效果（x_{10}）		0.6836*** (0.1111)		0.6242*** (0.1196)
农户满意度	对国家农业科技培训政策的满意度（x_{11}）			0.4588*** (0.1061)	0.4236*** (0.1099)
	对当地农业科技推广与培训的满意度（x_{12}）			0.2928* (0.1253)	0.1185 (0.1334)
	Pseudo R^2	0.0300	0.0578	0.0472	0.0703
	Log likelihood	−760.1772	−695.6122	−663.6230	−618.5850

注：括号外与括号内的数值分别为估计系数和标准误。***、** 和 * 分别表示在 1%、5% 和 10% 统计水平上显著。

模型（1）是农户参与合作社的情况对因变量培训需求意愿的影响，参加合作社活动在 5% 统计水平上与农户的培训需求意愿呈显著性正相关。模型（2）在模型（1）的基础上，将农户对农业科技的态度的2个自变量引入模型。结果显示，农户采用农业新技术和新品种的态度与培训需求意愿在10%统计水平上呈显著性正相关；农业科技培训对增产增收的效果在1%统计水平上与农户的培训需求意愿呈明显的正相关。模型（3）是农户满意度情况对培训需求意愿的影响，农户对国家农业科技培训政策的满意度与培训需求意愿在1%统计水平上呈显著性正相关；农户对当地农业科技推广与培训工作的满意度在10%统计水平上正相关，这说明国家对农业科技培训的政策和资助对农民的培训需求意愿的影响是很明显的。

（二）模型拟合的结果分析

根据模型（1）～模型（4）运算后的估计结果，笔者对本研究所重点关注的三类解释变量进行分析。

（1）参与合作社对农民科技培训需求意愿的影响。农户参加合作社的活动与培训意愿在模型（1）、模型（4）中呈5%统计水平上显著性正相关。如表5-11所示，主动参加合作社活动的农户，其农业科技培训的需求意愿明显高于其他农户。

表5-11 合作社与农民科技培训需求意愿

单位：人

是否社员	是否参加合作社活动	农民科技培训需求意愿				合计
		完全不需要	无所谓	一般需要	非常需要	
社员	是	0	6	31	70	107
	否	0	0	15	13	28
非社员	是	5	29	196	238	468
	否	10	36	149	146	341

（2）农户对农业科技的态度对培训需求意愿的影响。农户采

用新技术、新品种的态度与培训意愿在10%统计水平上呈显著性正相关，说明农户对农业新技术和新品种的接受程度越高就越会积极主动地参加科技培训。农业科技培训对增产增收的效果与农民培训意愿在统计上呈正相关，且显著性很强。调查结果显示，农户认为科技培训对农业增产增收效果为"基本没作用""有点作用""有作用"和"十分有作用"的农户比例分别为2.8%、12.1%、60.0%、25.1%，因此农业科技对增加产出和提高收益的作用越明显，农户的培训需求越强烈。

（3）农户满意度情况对培训需求意愿的影响。农户对国家农业科技培训项目的满意度在1%统计水平上正向显著影响其培训意愿。调查结果显示，农户对农业科技培训项目的满意度为"很不满意""不太满意""一般""比较满意"和"非常满意"的样本农户比例分别是0.3%、0.7%、10.0%、42.5%和46.5%，呈逐渐递增的态势。根据调研情况，研究区域主要的农业科技培训项目是科技入户工程和阳光工程，尤其是针对性很强的"科技入户培训工程"极大地推动了猕猴桃主产区的农业科技培训工作。农户对农业科技推广与培训的满意度与农户培训需求意愿在模型（2）中5%统计水平上呈显著性正相关，这说明当地政府和相关机构对农业科技推广与培训的重视程度和服务水平影响了农户的培训需求意愿，但在模型（4）中显著性水平不强，其原因尚不明确。

七 小结

研究结果表明：影响农民科技培训需求意愿的因素不仅包括以往学者所说的性别、年龄、受教育水平等农户个体特征和耕地面积、种植成本等农户家庭特征；在以产业需求为主导的现代农业发展进程中，合作社、农户对农业科技的态度和国家的农业科技培训项目也是影响农民科技培训需求意愿的显著因素。农业专业合作社在猕猴桃生产、组织以及市场销售等产业链上各环节所提供的科技信息支持提高了农户对农业科技培训的需求程度。主动采用农业新设备、新技术和新品种的农户，培训需求意愿更强烈；农业科技在农业增产增收方面的效果越明显，农户对农业科技培训的需求意愿越强烈。农户对国家农业培训项目和当地农业科技培训工作的满意度正向显著影响农民的科技培训意愿。

基于上述结论，得出如下启示：第一，应借助国家各项农民培训项目积极鼓励农民参加农业科技培训，逐步规范和扶持农业科技入户工程，确保参与农业科技培训的农户能够"训有所获"，切实增强广大农户对农业科技培训的认可度和满意度。第二，围绕区域主导产业探索现代农业科技推广与示范的方式方法，使农民体会到农业科技和现代生产要素在农业产业化发展中的重要作用。第三，整合各类教育资源、建设农业科技培训平台，使各级各类农业科技推广体系的农业专家、教授能够为农业劳动力开展农业新科技的培训。同时，根据农业产业化发展的需求，将农业科技培训从单一的农业生产技能培训向包含生产、贮藏、农产品加工、品牌推广、物流、销售等的全产业链培训发展。第四，加强对农村科技带头人的培训。在农业科技培训的对象选择上，可以更多地倾向于有一定的知识水平和愿意从事农业生产的中青年农民，真正培训出一批适应社会化大市场的农业科技带头人，以此促进农业劳动力整体素质的提高。

第六章　农户视角下农业科技培训的
绩效评价分析

从农业科技培训的供给分析与农户需求意愿分析可知，在陕西省关中地区的猕猴桃主产区，各级政府、各类农业院校和科研机构、涉农龙头企业以及农民专业合作社共同参与了猕猴桃产业的科技培训服务，但是四类组织发挥作用的领域和大小有所不同。农户作为农业科技培训体系中的消费者，其需求意愿决定着农业科技培训的服务方向，而政府、高校与科研院所、涉农龙头企业和农民专业合作社作为培训的生产者和提供者，当他们不能有效地满足农户的消费需求时，就造成了科技培训供给和需求的不均衡。因此，在评价农业科技培训的绩效时，农户拥有最大的发言权。本章基于农户视角评价农业科技培训的绩效，从而及时发现和分析培训过程中存在的问题，为进一步构建多中心的农业科技培训体系提供依据。

一　问题的提出

农业技术培训是实现农业科技成果转化为实际生产力的必要手段和途径。农业科学技术的成果转化关系到先进农业技术是否能得到充分应用，关系到农业科技创新和农业现代化建设。进行农业科技培训绩效评估的研究分析有利于推动农业科技培训模式体系的创新和完善。国内外学者对农业科技推广与培训的绩效评估做了很多研究。

绩效一词源于英文的 performance，原意是指性能、能力、成绩、工作效果等。《现代汉语词典》中其含义是成绩、效果。在心理学中绩效指的是与内在心理相对应的外在表现。在农业经济的研究领域，绩效这一概念被广泛使用，表示业绩和效益，主要包括完成的数量、质量、经济效益和社会效益。关于农业技术培训绩效评估的具体含义，学者们有各自的理解。邵法焕（2005）认为农业科技培训绩效评估是指运用一定的指标和方法对农业科技培训的结果和达到推广目标的程度依据一定的标准进行客观的评价。李晓春（2007）在文中指出农业科技推广和培训的绩效评价是对农业科技推广所取得成绩和达到目的程度进行评价。他还指出，绩效的评价并不是一般简单的评说和议论，而是在详细调查的基础上，对某个区域或产业运用一定的指标和方法进行系统的分析和论证。庄严（2006）提出完整性、代表性、最小化和简单易用性作为农业科技培训绩效评价指标的选取原则。张文明等（2014）指出农业科技推广绩效评价指标体系要依据科学性、实效性、整体性和可操作性原则。学者们的研究虽然都从不同的角度进行了理论阐述，并提出了一些独特且有价值的观点和政策性建议。但大多是从宏观角度基于农业科技培训模式及绩效评价进行研究而提出的偏理论性观点和结论，其构建的理论性的绩效评价体系，缺乏以大量的调研数据对某一具体农业科技推广模式及绩效评价进行有效的实证研究。本研究依据大量的一手数据资料，从农户层面进行农业科技培训的绩效评价分析。

二　农户农业科技培训的相关数量统计

（一）农户参加培训的频次

本次调研的 948 个猕猴桃种植户中有 812 人表示参加过相关的

农业科技培训，其中 30.2% 的农户只是偶尔参加培训（每年 1～2
次），56.0% 的农户表示经常参加培训（每年 3～5 次），13.8% 的
农户每年参加农业科技培训的次数在 5 次以上。这说明主产区的猕
猴桃种植户对农业科技培训的认可度较高，能够积极参加培训，
以实现知识更新和技能提高。

（二）农户对科技培训内容的掌握程度

由表 6–1 可知，在参加过培训的农户中，84.4% 的农户认为
自己每次参加培训所能够理解和掌握的内容在 50.0% 及以下。以
下几个因素是农户认为自己不能完全学会的原因：培训老师讲的
不容易理解，培训时间、培训地点不合适，培训内容不切合实际
农业生产，培训形式不合适以及自身知识水平有限等。

表 6–1　农户对科技培训内容的掌握程度

单位：人，%

	培训内容掌握程度		
	30% 及以下	31%～50%	50% 以上
人　数	382	418	148
比　例	40.3	44.1	15.6

（三）农户对科技培训增产增收效果的评价

在农户对农业科技培训增产增收效果的评价中，有 37.5% 的
人认为培训非常有作用，47.0% 的人表示有作用，只有 15.5%
的农户认为完全没有作用。这说明参加培训对提高农产品产量和
农户收入水平具有较为显著的效果，因此广大农民参加培训的积
极性很高。

表 6 - 2　农户对科技培训增产增收效果的评价

单位：人，%

	培训对增产增收的效果		
	非常有用	有作用	没作用
人　　数	310	391	129
比　　例	37.5	47.0	15.5

三　农业科技培训经济效益评价

（一）农户收入增长明显，但未形成规模种植

2006 年样本村农户种植猕猴桃的年收入在 0 ～ 10000 元的有 402 户，占 42.2%，40000 元以上的 39 户，仅占 4.0%。而到 2011 年，农户种植猕猴桃的年收入在 0 ～ 10000 元有 228 户，占 24.0%，40000 元以上的 201 户，占到了 21.0% 以上。2006 年调查区域农户平均年收入为 8388.9 元，到 2011 年增长为 30499.1 元。由图 6 - 1 可以看出，农户收入明显提高了，并且较高收入者所占比例越来越多。

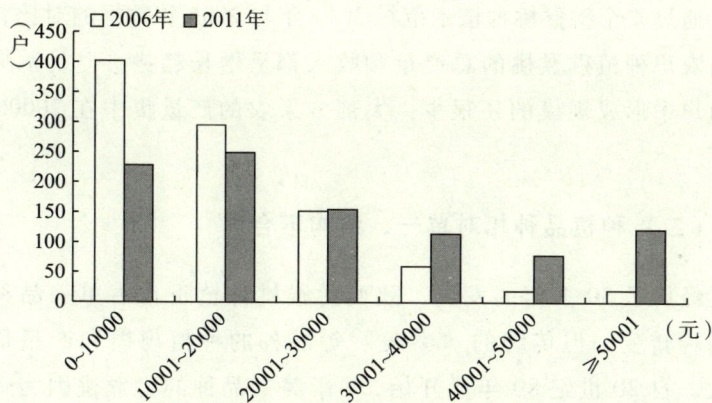

图 6 - 1　农户种植猕猴桃收入

如图 6-2 所示，2011 年猕猴桃总产量在 10000 斤以下的有 402 户，占 42.4%；10001~20000 斤的 295 户，占 31.1%；20001~30000 斤的 152 户，占 16.0%；30001~40000 斤的 69 户，占比 6.3%；40001 斤以上的 40 户，占比 4.1%。在均值比较上，2006 年之前猕猴桃总产量户均 7445.57 斤，2011 年猕猴桃总产量户均为 16686.20 斤。

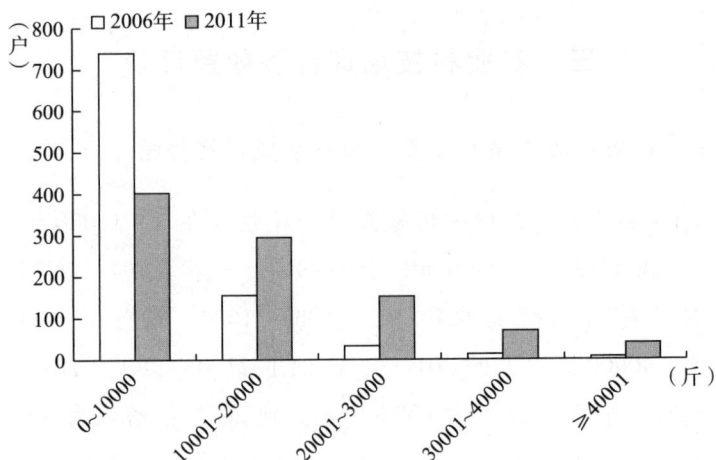

图 6-2　农户猕猴桃产量

通过 4 个猕猴桃种植示范村 2011 年与 2006 年数据的对比，可看出农户种植猕猴桃的总产量和收入都呈增长趋势，但是猕猴桃种植户中形成规模的还很少，大部分果农的产量集中在 20000 斤以下。

（二）种植品种相对单一，结构不合理

经历了 30 多年的发展，陕西猕猴桃种植正在由单一品种向多品种转变，但传统的"秦美"等品种的种植规模和产量仍然较大。自 20 世纪 80 年代开始，"秦美"品种的猕猴桃因为适应性强、容易种植、亩产量高的优势，在猕猴桃产业的发展过程中

发挥了突出的作用，我国 10 多个省市均种植了"秦美"品种，它成为栽培面积最大的猕猴桃品种，见表 6-3。在本次调查的 4个猕猴桃种植示范村中，"秦美"猕猴桃的总种植面积和户均种植面积是所有品种中最多的。自 2000 年起，陕西省针对原有的主栽品种——"秦美"不能适应市场需要不断发展的现实，从引进品种中筛选出适宜发展的"海沃德"和"徐香"两个品种，并研究总结出这两个品种在本地区实现优质高效生产的关键技术，目前这两个品种已经能够实现丰产、稳产。2012 年又成功选育出红心猕猴桃新品种"脐红"。但总体而言，种植品种还相对较单一，新品种的种植面积相对较少。陕西猕猴桃品种结构还需要进一步的优化调整，才能保持规模优势，增强陕西猕猴桃的国内外竞争实力，才能为产区农民致富增收创造条件和机遇。

表 6-3　各猕猴桃品种的种植面积

单位：亩

品种	秦美	红阳	海沃德	徐香	楚红
户均种植面积	2.313	0.62	1.666	1.419	0.068
总面积	2236.4	701.4	1570.9	1334.3	63.9

四　社会效益评价

新型农民一方面要掌握必要的生产技能和市场化经营的手段，另一方面还需具备一定的文化和道德素养、民主意识、新的思想观念，热爱农村集体事业等。农业科技培训的社会效益也是整个绩效评价中的重要环节之一。调研发现，陕西省猕猴桃主产区的农户在接受当地农业科技推广与培训之后，生活方式发生了巨大的转变。调研数据显示，90.0% 以上的农户住上了楼房或者是平房，平均盖房费用为 149608 元。已有 15.9%（143 人）开始利用电脑网络查询并获取农业科技信息。农户的出行工具也趋于多样化，78.5% 的人选择摩托车、9.4% 的人选择小汽车、20.1% 的人选择货车作为出行工具。从上述的几个方面，我们可以看出猕猴桃的种植不仅给当地农户带来了实实在在的经济效益，而且逐渐带动了当地农村生活方式的转变，农户的居住条件、生活环境和出行工具等方面都得到显著改善。但还存在以下几个方面的现象和问题。

（一）农业从业人员老龄化，大量青壮年劳动力外出打工

随着农村劳动力向非农产业的转移和流动，留在农村从事农业生产经营的年轻人越来越少。农业从业人员老龄化问题日益严重，"谁来种地"已经成为我国农业健康发展和农业产业化经营的一个重大问题。2013 年，全国农业从业人员中 50 岁以上的人超过了 40.0%，如果按此比例来推算，到 2016 年，农业从业人员中 50 岁以上的人口将可能超过 60.0%。与此同时，大量的中青年劳动力离开农村外出务工。2012 年，全国农村外出务工的 2.63 亿人中 40 岁以下的占 60%，平均年龄 37 岁（王宗力，2014）。本研究的调查也说明了这一问题，如表 6 - 4 所示，从事猕猴桃种植的农户中 40 岁以上的占 74.3%，50 岁以上的占 34.9%，而 30 岁以下的不足 10.0%。每户从事猕猴桃种植的人数也大多在 2 人以下，实地走访的情况表明这 2 人主要是家庭中的老年人，而年轻的子女大多外出务工，部分就近在县城务工或做生意的子女在农忙时节会回家帮助父母务农。区别于粮食作物，果树种植属于典型的劳动密集型农业产业，猕猴桃种植的收益较好，但从业人员还是以 40~60 岁的中老年农村劳动力为主。

表 6 - 4　猕猴桃种植户年龄和从业人数

单位：岁，人，%

	种植户的年龄					每户从事猕猴桃种植人数（人）			
	30 以下	31～40	41～50	51～60	61 以上	2 及以下	3	4	5 及以上
人数	94	150	373	227	104	660	130	114	44
比例	9.9	15.8	39.4	24.0	10.9	69.6	13.7	12.0	4.7

（二）农业保险的参保率较低

农业保险作为一种新兴的保险种类，是保险公司专为农业生产者在从事种植业和养殖业生产过程中，遭受自然灾害和意外事故所造成的经济损失提供保障的一种保险。在参与调研的农户中，参与这种保险的有 88 人，占比 9.3%。通过对农户是否参加过农业科技培训与是否参加农业保险的交叉分析得知：参与农业保险的 88 人中，有 78 人是参加过农业科技培训的，只有 10 人是没有参加过农业科技培训的。这表明农业科技的推广和培训有效地增加了农户对风险的控制意识，但总体的参保率较低，而单个农户抵御风险的能力较弱。

表 6 - 5　培训经历与参加农业保险的统计分析

单位：人

培训经历	是否参加农业保险		合计
	是	否	
参加培训	78	741	819
未参加培训	10	119	129
合计	88	860	948

（三）民主意识还需进一步强化

民主意识实际上就是公民意识，是新型农民综合素质的一个重要方面。本研究从村民自治问题的角度分析了猕猴桃种植户的民主意识，在调研的 4 个猕猴桃示范村的农户中，参加了上一届村民委员会选举投票的有 820 人，占比 86.9%。这说明绝大多数的农户已有初步的民主意识，积极参与村民自治，为农村的集体事业建设贡献力量。但是在主动表达需求和意愿上，仅有 32.0% 的农户在村民会议上提出过自己的意见和想法。因此，农户的民主意识还有待提升。

表 6-6　农户民主意识

单位：人，%

项目	是否参加村民委员会选举		是否在村民会议上提出意见和想法	
	是	否	是	否
人　数	820	122	296	625
比　例	86.9	12.9	32.1	67.8

（四）农户仍然秉持传统的农业观念和生产方式

根据猕猴桃的种植方式和产品特征，种植成本主要包括农药费用、肥料费用、灌溉费用、雇工费用四部分。在关于种植成本的调研数据中，这四项费用户均分别为 727.27 元、7238.18 元、570.41 元、629.71 元，总成本为户均 9287.86 元。其中肥料费用占总成本的 77.9%，猕猴桃种植的过程中所使用的三种肥料，即化肥、营养液和农家肥所占比重分别为 64.59%、7.47%、27.58%，这足以说明当地的猕猴桃种植对化肥的依赖程度非常高。虽然化肥对于猕猴桃短期增产效果明显，但是不符合"绿色、安全、健康"的现代农业的基本要求。此外，在灌溉方式的采用方面，93.7% 的农户选择的是传统的地面灌溉（渠道或管道输水后沟灌、淹灌和漫灌）；5.0% 的农户利用的是普通喷灌；只有 1.2% 的农户采用了滴灌和渗灌。而长期的地面灌溉容易造成土壤贫瘠和水资源的浪费。所以，政府和示范站应努力采取措施促使农户转变观念，积极引导农户向"绿色、生态、健康"的现代化农业观念转变。

五　小结

（一）优化猕猴桃品种的结构

目前，农户依然主要倾向于种植传统品种，新品种的种植规模得不到明显的扩大。为了使猕猴桃种植能够紧跟市场发展的步伐，应在继续保持原有品种规模优势的同时，加大新品种的种植规模，如"红阳""脐红"等猕猴桃新品种。虽然新品种在产量上跟传统猕猴桃品种相比没有优势，但在市场上的价格和畅销度方面占据绝对优势。以市场信息为导向，改善猕猴桃品种结构，实现猕猴桃品种结构的合理化，才能与市场真正接轨，促进猕猴桃产业的发展，增强陕西猕猴桃在国内外市场的竞争力。

（二）鼓励龙头企业和专业合作社的发展壮大，拓展猕猴桃销售渠道

当地猕猴桃产业在销售端，尤其是销售渠道上比较单一。农户主要依靠批发商上门收购来完成猕猴桃的销售，很少有农户选择与企业签订订单进行产销一体化。这使得猕猴桃种植农户在市场上没有价格主动权和控制权，也不适应当今市场竞争的新形势。所以，需要鼓励猕猴桃龙头企业和专业合作社的发展壮大，统购统销合作经营，积极拓展猕猴桃的销售渠道，如此才能保证猕猴桃的品质和市场上的价格。

（三）鼓励外出务工青年回乡务农

猕猴桃种植户中以中年人和老年人居多，年轻人所占比例很

小，这不利于猕猴桃种植新技术的推广和新理念的普及。政府应积极出台相关政策或者财政补贴，鼓励和吸引当地年轻人回乡创业，学习猕猴桃种植新技术，利用年轻人的新思维支持猕猴桃产业的发展。通过产业发展吸引和鼓励外出打工的青年回家乡务农，树立回乡务农的典型，充分发挥回乡青年在猕猴桃产业发展中的带头作用和示范作用。

（四）促进农户由传统农业观念向生态农业观念转变

片面追求产量的种植模式不仅影响猕猴桃在市场中的品牌和口碑，而且不利于猕猴桃特色产业今后的长足发展。要积极开展培训或外出参观交流活动，促使农户观念转变。要在种植过程中减少化肥和农药的使用量，并用喷灌和滴灌的方式代替传统的漫灌。进行"绿色、安全、健康"的现代农业观念的宣传，积极发展有机绿色猕猴桃产业，发展农业生态休闲旅游观光项目。

（五）创新农业科技推广和培训体系

农业科技培训的绩效评价结果说明传统的政府主导一元化培训体系已经不能适应现代农业发展的需求，农业产业化经营视域下新型农民的培育需要创新原有的农业科技推广和培训体系。随着各级政府、农业院校、科研院所、龙头企业和专业合作社组织等多元化供给主体的先后出现并发挥作用，如何建立一个有序的组织化秩序成为新型农业科技培训体系要解决的关键问题。

第七章 基于因子分析的农业科技培训满意度分析

一 问题的提出

自 2004 年"三农"问题上升到国家战略高度以来，如何实现农村居民收入的可持续增长成为解决"三农"问题和建设社会主义新农村的关键。著名农业经济学家舒尔茨指出，在传统农业向现代农业转变的过程中要持续增加农民收入、帮助农民摆脱贫困，在此过程中要重视农业科技的传播扩散，不断向农民提供适用的农业技能的培训。近年来，出现了种植大户、农民经济合作社、家庭农场等新型农业经营主体，传统的政府一元化农业科技培训模式已经无法满足日益增长的培训需求，多元化供给主体的新型农业科技培训体系逐步建立和完善。随着政府对农业科技的投入力度持续加大与培训主体的多元化，农业科技培训逐步受到重视，提升培训的满意度成为重要的研究课题。

何安华等（2014）通过研究合作社中农户的异质性考察其对农户参加农业技术培训的影响，研究发现：租入土地不会显著影响农户的农业技术培训参与，但加入合作社会让农户参加更多培训。黄祖辉（2007）用调查问卷的方法，从个人特征、家庭特征和社会经济等方面分析影响失地农民培训意愿的因素，研究发现技能培训经历、雇佣关系、对培训效果的看法及培训时间等变量对失地农民的培训意愿在统计上有显著的影响。项诚等（2012）以山东省寿光市玉米生产为例进行研究，发现技术培训可以有效地使农民科学施肥。周小刚、李丽清（2013）借鉴 Kirkpatrick 培训评估指标和顾客满意度理论，研究新生代农民工职业培训过程及满意度情况，发现影响其培训服务质量的短板因素在于培训课程设置和培训教师水平，且农民工对培训时间和培训费用的满意度比较低。

上述文献为本研究奠定了良好的基础，但在国内运用经济计量方法研究农业科技培训满意度的文献相对较少。本书聚焦果农（猕猴桃种植户）的农业科技培训满意度，以陕西关中地区猕猴桃主产区 948 户果农调查问卷为基础，分析不同供给主体提供的农业科技培训的满意度及影响因素，进而提出提升果农培训满意度的政策建议，以期实现多元化主体对农业科技培训的有效供给。

二 因子分析在农户培训满意度评估中的适用性分析

因子分析的基本原理是用较少的相互独立的因子通过降维的方式来取代原有变量的大部分信息，可以用以下模型来阐述这一思想。假设原来有 p 个变量分别是 x_1、x_2、x_3、$\cdots x_p$，每个变量经过标准化之后均值为 0，标准差为 1，因子分析把这些变量分别用更少的变量 k（$k < p$）个因子 f_1、f_2、f_3、$\cdots f_k$ 的不同的线性组合来表示（薛薇，2011），因此有如下公式：

$$\begin{cases} x_1 = a_{11}f_1 + a_{12}f_2 + a_{13}f_3 + \cdots + a_1kfk + \varepsilon_1 \\ x_2 = a_{21}f_1 + a_{22}f_2 + a_{23}f_3 + \cdots + a_2kfk + \varepsilon_2 \\ x_3 = a_{31}f_1 + a_{32}f_2 + a_{33}f_3 + \cdots + a_3kfk + \varepsilon_3 \\ x_p = a_{p1}f_1 + a_{p2}f_2 + a_{p3}f_3 + \cdots + a_pkfk + \varepsilon_p \end{cases}$$

可以用矩阵表示为：

$$X = AF + \varepsilon$$

F 称为因子，也是公共因子，可理解为高维空间中互相垂直的 k 个坐标轴。A 为因子载荷矩阵，a_{ij}（$i = 1，2\cdots，p$；$j = 1，2，\cdots，k$）称为因子载荷，是第 i 个原有变量在第 j 个因子上的负荷。如果把变量 x_i 看成 k 维因子空间中的一个向量，则 a_{ij} 表示 x_i 在坐标 f_j 上的投影，相当于多元线性回归模型中的标准化回归系数，因子载荷 a_{ij} 的绝对值小于等于 1，绝对值越接近 1，表明因子 f_j 与变量 x_i 的相关性越强。ε 称为特殊因子，表示原有变量不能被因子解释的部分，其均值为 0，相当于多元线性回归模型中的残差。

在农户对农业科技培训满意度的评估当中，会涉及诸多方面，例如农户个体的基本情况、农户家庭资本、培训过程和质量等，总之要想全面看待就必须收集较多的数据，但是在当前的人力物力情况下，我们不可能倾其所有，不可能投入过多的时间、精力全面精确地描述一个事物，而如果过分针对其中一点又有可能造成对原有事实的放大，而面对错综复杂的相关性，因子分析为我们解决此类问题提供了一个有效的方法。

一是因子分析是现在广泛使用的统计方法，能够将收集到的较多变量，结合它们间的相关关系进行合并，进而以最少的信息丢失将原有的诸多变量浓缩为少数几个因子，并且因子分析能够将其进行归类分组，既减轻运算的负担，也整理出较清晰的逻辑思路。

二是因子分析法会对数据按权重进行赋值，减少了人为性和主观性，使得评估更具有科学性，更令人信服。

三是因子分析法是运用 SPSS 社会统计软件进行操作，在数据录入、数据分析处理方面都容易上手，并且在因子提取、数据输出方面都可以进行重复检验，具有较强的可操作性。

总之，在研究农户培训满意度评估方面，利用因子分析方法是比较可行的。将众多影响培训满意度的变量浓缩为少量的不同分组，并进行命名划分权重赋分，整个过程都是通过软件进行操作，具有科学性、可操作性，也能充分反映本研究的主旨，具有可行性。

三 满意度的因子分析指标选取

（一）选取原则

（1）测量的可操作性与可比性。对培训满意度这样一个非具体性、比较抽象的态度进行评估是比较困难的，不能通过肉眼直接获得结果，这就需要运用相应的具体数据指标进行操作，分解使之成为某种等级尺度度量标准，从而建立可测量的指标。这就要求指标必须具有可操作性、可比性。本书中对培训满意度的评估就是需要先确定具体的可进行测量的指标，进而建立体系进行对比分析。

（2）指标具有整体性与代表性。建立培训满意度的因子是一个整体，选取的指标必须能够全面反映研究对象的情况，具有整体性，但是培训满意度包含的内容比较丰富，研究不能面面俱到，这就需要我们选出具有代表性的因子进行分析。我们在建立体系指标时，既要考虑整体又要选出具有代表性的因子进行分析。

在具体操作中，在被调查者的基本情况、家庭种植猕猴桃的情况、参加合作社的情况、农户培训忠诚度、培训质量和风险偏好等20多项变量中，笔者首先根据变量的相关性进行分组尝试，进行淘汰，即所有提取变量必须均大于0.6；其次，按照特征值大于1提取的公因子的累计贡献率进行筛选，即累计解释方差必须大于0.6；最后，按照科学原则，提取的公因子数目在4个以内。

（二）评估指标的选取

关于满意度的研究最早可追溯到1965年Cardozo发表的《服

务对象的投入、期望和满意的实验研究》。由于满意度是一个经济
心理学的概念，是顾客消费产品和服务后的主观感受，很难直接
测评。因此，ACSI 评价法将影响满意度的原因变量设定为三个方
面：顾客期望、质量感知和价值感知（梁燕，2007）。

本研究基于满意度测量模型（ACSI 模型）和陕西关中地区猕
猴桃主产区的实地调研，将果农个体与家庭情况、农业科技培训
质量和农户培训意愿等方面选取性别、年龄、受教育水平、猕猴
桃种植面积、猕猴桃种植成本、家庭总收入、培训时间、培训内
容、培训迁移、培训需求和再接受培训的意愿等 11 个变量作为农
业科技培训农户满意度产生影响的评价因素，变量描述如表 7 - 1
所示。

根据有效调查问卷，样本农户中本次调查中男性 594 人约占
62.7%，女性 37.3%。男女比例适中，男性略多于女性。在年龄结
构方面，以 40～60 岁的中老年人为主，占到了六成以上；60 岁以上
124 人，占 13.1%；30 岁及以下 94 人，仅占 9.9%。这说明由于农
村中青年劳动力较多外出务工，实际在家务农的都是中老年人。文
化程度为初中及以下占 83.9%，大专及以上仅有 31 人（占 3.3%）。

表 7 - 1　变量基本情况

单位：人，%

类型	选项	人数	比例	类型	选项	人数	比例
性别	男	594	62.7	农户培训满意度	满意	674	71.1
	女	354	37.3		不满意	274	28.9
年龄	30 岁及以下	94	9.9	文化程度	文盲	65	6.9
	31～40 岁	150	15.8		小学	184	19.4
	41～50 岁	333	35.1		初中	547	57.6
	51～60 岁	247	26.1		高中	121	12.8
	61 岁及以上	124	13.1		大专及以上	31	3.3

类型	选项	人数	比例	类型	选项	人数	比例
种植面积	2.0 亩以下	51	5.4	农户收入	0~2000 元	60	6.3
	2.1~5.0 亩	436	46.0		2001~5000 元	179	18.9
	5.1~7.0 亩	303	32.0		5001~8000 元	346	36.6
	7.1~10.0 亩	137	14.4		8001~10000 元	215	22.6
	10.1 亩及以上	21	2.2		10001 元及以上	148	15.6
种植成本	3000 元及以下	119	12.6	培训需求	完全不需要	473	49.9
	3001~9000 元	468	49.4		基本不需要	400	42.2
	9001~15000 元	243	25.6		一般需要	56	5.9
	15001~20000 元	66	7.0		非常需要	19	2.0
	20001 元及以上	52	5.5				
再培训意愿	不愿意	31	3.3	培训时间	1 天	796	87.1
	可以接受	583	61.5		2~3 天	120	12.7
	非常愿意	334	35.2		4~7 天	16	1.7
					8 天及以上	16	1.7
培训内容掌握程度	几乎听不懂	74	7.8	培训迁移	不愿使用	87	9.2
	听懂 30%	117	12.3		看别人用的好才用	427	45.0
	听懂 50%	418	44.2				
	听懂 80% 及以上	339	35.7		主动使用	432	45.8

调研中的 4 个猕猴桃种植示范村 2011 年的家庭收入构成为：户均猕猴桃收入高达 30499.07 元、其他耕地收入为 1490.57 元、打工收入 12459.49 元、总收入 44449.13 元。猕猴桃收入在家庭总收入中占绝大比重 68.6%，而耕地收入和打工收入分别仅占 3.4% 和 28.0%。显然猕猴桃收入已经成为当地农户家庭的经济支柱。以上特征符合本研究的需要，且具有一定的代表性。

此外，根据分析结果，被调查县域果农对农业科技培训总体满意度为：71.1% 的农户选择了"满意"，28.9% 的农户"不满意"。从总体满意度评价可以看出七成以上的农户对多元化的新型农业科技培训表示满意，但仍有相当一部分农户表达了对培训的不满，这说明培训工作还存在很多有待完善的地方。

四　数据计算及结果分析

（一）果农满意度的因子分析

在因子分析前需要先对数据进行适用性检验，可以借助巴特利特球度检验和 KMO 检验来进行。使用 SPSS 19.0 统计软件对数据进行计算的结果显示，巴特利特球度检验统计量的观测值为 818.667，相应的概率 P 值接近 0，显著性水平 α 为 0.05。该统计观测值比较大，且对应的概率 P 值小于给定的显著性水平，说明变量适合做因子分析。同时，KMO 检测统计量的值为 0.866，根据常用的 KMO 度量标准（0.6 以下表示不太适合，0.7 表示一般，0.8 表示适合，0.9 表示非常适合），可知原有变量适合进行因子分析，见表 7 - 2。

表 7 - 2　KMO 和 Bartlett 的检验

取样足够度的 Kaiser - Meyer - Olkin 度量		0.866
Bartlett 的球形度检验	近似卡方	818.667
	Df	21
	Sig.	0.000

然后，根据"解释的总方差"我们可以得知此次可以提取 4 个主因子。"解释总方差"的"初始值"部分给出了 11 个原始变量之间相关系数矩阵的特征值以及各特征值的方差贡献率和累计贡献率；从"提取方差和载入"中可以看出，按特征值大于 1 提取的前 4 个主因子的累计贡献率达到了 85.696%，因子分析的效果还比较理想，见表 7 - 3。由于初始载荷矩阵不够清晰，不便于对因子进行解释，因此运用方差最大正交旋转法对因子载荷进行

旋转，得到因子载荷矩阵。

表 7 - 3　解释的总方差

成分	初始特征值			提取平方和载入			旋转平方和载入		
	合计	方差的百分比	累积百分比	合计	方差的百分比	累积百分比	合计	方差的百分比	累积百分比
1	1.878	17.074	17.074	1.878	25.074	25.074	1.706	23.509	23.509
2	1.564	14.219	31.293	1.564	22.219	47.293	1.473	21.394	44.903
3	1.429	12.988	44.281	1.429	20.988	68.281	1.379	20.536	65.439
4	1.036	9.415	53.696	1.036	29.415	85.696	1.348	20.257	85.696

由表 7 - 4 可知，在第一主因子 F_1 中，猕猴桃种植面积、猕猴桃收入以及猕猴桃种植总成本这 3 个指标具有较高的因子载荷；在主因子 F_2 中，被调查者的年龄、性别、受教育程度这 3 个因子具有较高的因子载荷；在主因子 F_3 中，培训需求、再培训意愿具有较高的因子载荷；在主因子 F_4 中，培训的内容、培训迁移、培训时间具有较高的因子载荷。

表 7 - 4　因子旋转载荷矩阵

变量	F_1	F_2	F_3	F_4
年龄（x_1）	0.210	- 0.016	0.998	0.143
性别（x_2）	0.239	0.147	0.194	0.743
猕猴桃收入（x_3）	0.943	0.142	0.258	0.147
受教育程度（x_4）	0.261	0.194	0.993	0.429
猕猴桃种植面积（x_5）	0.946	0.326	0.299	0.275
猕猴桃种植总成本（x_6）	0.939	0.117	0.022	0.302
培训需求（x_7）	0.179	0.144	0.199	0.873
培训内容掌握程度（x_8）	0.248	0.888	0.344	0.269
培训迁移（x_9）	0.211	0.746	0.250	0.424
培训时间（x_{10}）	0.405	0.966	- 0.004	0.328
再培训意愿（x_{11}）	0.233	0.215	0.267	0.856

表 7-5 为旋转因子得分表，从这个表中可以看出哪些因素对果农的满意度起了主要作用。这里，采用回归法估计因子得分系数，可以得到以下的函数：

$$F_1 = 0.446x_1 + 0.454x_2 + 0.426x_3 + 0.024x_4 - 0.015x_5 - 0.014x_6 + 0.034x_7 + 0.007x_8 - 0.038x_9 - 0.062x_{10} + 0.088x_{11}$$

$$F_2 = 0.102x_1 - 0.035x_2 - 0.037x_3 + 0.591x_4 - 0.37x_5 + 0.41x_6 + 0.015x_7 - 0.04x_8 + 0.049x_9 + 0.016x_{10} - 0.125x_{11}$$

$$F_3 = 0.088x_1 + 0.078x_2 - 0.122x_3 + 0.001x_4 - 0.005x_5 - 0.07x_6 + 0.579x_7 + 0.59x_8 + 0.012x_9 - 0.057x_{10} - 0.18x_{11}$$

$$F_4 = -0.023x_1 - 0.134x_2 + 0.022x_3 + 0.023x_4 + 0.278x_5 + 0.378x_6 - 0.016x_7 - 0.063x_8 + 0.509x_9 + 0.509x_{10} + 0.184x_{11}$$

从总得分一栏可以看出农户种植猕猴桃的收入、种植面积、种植成本、农业科技培训的时间、农户对培训内容的掌握程度以及采用新技术、新品种的态度等因素对果农培训的满意度产生了重要影响；果农的性别、受教育水平和培训需求意愿等因素对满意度的影响相对较小。果农培训满意度的综合评价模型为：

$$F = 0.023x_1 - 0.056x_2 + 0.217x_3 + 0.020x_4 + 0.195x_5 + 0.106x_6 + 0.016x_7 + 0.054x_8 + 0.039x_9 + 0.098x_{10} - 0.035x_{11}$$

表 7-5　旋转因子得分表

评价指标	F_1	F_2	F_3	F_4	总得分	排名
年龄（x_1）	0.024	-0.591	0.001	0.023	0.023	7
性别（x_2）	-0.014	-0.41	-0.07	0.378	0.016	9
收入（x_3）	0.454	-0.035	0.078	-0.134	0.217	1
受教育程度（x_4）	0.015	-0.37	-0.005	0.278	0.020	8
猕猴桃种植面积（x_5）	0.446	0.102	0.088	-0.023	0.195	2
猕猴桃种植总成本（x_6）	0.426	-0.037	-0.122	0.022	0.106	3
培训需求（x_7）	0.034	0.015	0.579	-0.016	-0.056	11

评价指标	F_1	F_2	F_3	F_4	总得分	排名
培训内容掌握程度（x_8）	0.038	0.049	0.012	0.509	0.054	5
采用新技术、新品种的态度（x_9）	0.062	0.016	-0.057	0.509	0.039	6
培训时间（x_{10}）	0.088	-0.125	-0.18	0.184	0.098	4
再培训意愿（x_{11}）	-0.007	-0.04	0.59	-0.063	-0.035	10

（二）果农培训满意度主因子的次序性分析

为了进一步分析各主因子影响满意度的次序性，可利用二元 Logistic 回归方法来检验主因子的边际影响（胡波、郭骊，2012）。其公式为：

$$\ln \frac{\pi}{1-\pi} = \log(\pi) = \beta_0 + \beta_1 F_1 + \beta_2 F_2 + \beta_3 F_3 + \beta_4 F_4 + \varepsilon$$

由于在新型农业科技培训模式中，培训主体由以往单一化的政府转变为政府、高等农业院校、龙头企业和合作社等多元化主体。因此，分别以果农对政府主体的培训满意度、对高等农业院校主体的培训满意度、对农业专业合作社主体的培训满意度和龙头企业主体的培训满意度为因变量（y），其中 y_1 = 满意，y_0 = 不满意。以上述因子分析得出的 4 个主因子为自变量，利用 SPSS 19.0 软件进行二元 Logistic 回归分析，估计结果见表 7 - 6。通过比较 Wald 值，分析果农培训满意度影响因素的贡献率排序。模型（1）是果农对政府主体的培训满意度影响因素分析，各主因子对培训满意度影响的重要程度依次是：$F_1 > F_2 > F_4 > F_3$。模型（2）是果农对高等农业院校主体的培训满意度影响因素分析，各主因子对培训满意度影响的重要程度依次是：$F_1 > F_2 > F_3 > F_4$。模型（3）是果农对合作社主体的培训满意度影响因素分析，各主因子对培训满意度影响的重要程度依次是：$F_1 > F_4 > F_2 >$

F_3。模型（4）是果农对龙头企业主体的培训满意度影响因素分析，各主因子对培训满意度影响的重要程度依次是：$F_1 > F_4 > F_3 > F_2$。

显而易见，第一主因子在所有模型中均排在第一位，且通过1%的显著性水平的检验，因子回归系数为正，在所有的因子中具有最高的统计显著性，这说明 F_1 是影响果农培训满意度的最重要的影响因素。果农参加农业科技培训的根本目的是运用农业科学和技术解决生产中遇到的困难和问题，实现增产增收。因此，能否通过科技培训提高猕猴桃种植的收入直接影响果农对农业科技培训满意度的评价结果。

表 7 - 6　二元离散模型估计结果

变　量	模型（1）	模型（2）	模型（3）	模型（4）
F_1	0.101*** (2.138)	0.373*** (26.515)	0.193*** (7.575)	0.191*** (7.400)
F_2	0.098* (2.010)	0.193*** (6.981)	0.097 (1.935)	0.051 (0.525)
F_3	-0.019 (0.076)	0.124 (3.092)	-0.060 (0.746)	-0.076 (1.158)
F_4	0.021 (0.109)	0.019 (0.077)	0.139** (3.818)	0.102** (2.161)
Pseudo R^2	0.227	0.258	0.222	0.218
Log likelihood	1171.347	1133.522	1155.845	1147.706
卡方值	516.015	170.279	416.461	461.951

注：括号外和括号内分别为回归系数和 Wald 值；***、**和*分别表示在1%、5%和10%统计水平上显著。

（三）满意度影响因素的进一步分析

综合表 7 - 5 和表 7 - 6 的结果可以看出，果农培训满意度的影响因素主要是农户种植猕猴桃的收入、种植面积和种植成本；其中，农户收入的总得分最高为0.217，是农户农业科技培训满意度的最关键因素。此外，以政府和高等院校为主体的农业科技培训中，农业科技培训的时间、农户农业科技培训内容的掌握程度以及采用新技术、新品种的态度等因素对满意度有一定的影响；在以龙头企业和专业合作社为主体的农业科技培训中，农户的培训需求意愿对满意度有一定的影响。而农户的性别、年龄、受教育程度等因素对满意度无显著影响。

为了研究被调查区域新型农业科技培训实施后农户收入的变化，现将调查区域2006年和2012年果农种植猕猴桃的人均收入水平进行比较。选择2006年数据做比较的原因是：2005年，西北农林科技大学作为陕西省高等农业院校的代表在猕猴桃主产区建立了"陕西省猕猴桃试验示范站"，主要开展以大学为依托的农业科技推广与培训工作；2006年，眉县政府与西北农林科技大学开拓校县合作模式，逐步连接龙头企业和专业合作社实施"猕猴桃科技入户培训工程"。因此，多元化主体的新型农业科技培训模式在陕西省猕猴桃主产区的实施大致定位在2006年。

根据调查数据的统计结果，2006年调查区域户平均年收入为8388.9元，到2012年增长为30499.1元，并且较高收入者所占比例越来越多，见表7-7。将果农参加农业科技培训的满意度与种植猕猴桃的收入水平交叉制表，由表7-8可以得出，在228户年收入10000元以下的农户中，培训满意度仅为57.5%。随着收入水平的提高满意度不断提升，在年收入40000元以上的农户中，培训满意度达到81.7%。因此，农户猕猴桃收入与果农培训满意度在统计数据上呈正相关。农户的主观满意度高于理论满意度的原因可能是"您对农业科技培训的总体满意度？"只设置了两个选项（满意和不满意）。

表7-7　果农猕猴桃收入比较

单位：户，%

猕猴桃收入	2006 年		2012 年	
	农户数	比例	农户数	比例
10000 元及以下	402	42.4	228	24.0
10001～20000 元	295	31.1	249	26.3
20001～30000 元	152	16.0	155	16.4
30001～40000 元	60	6.3	115	12.1
40001 元及以上	39	4.1	201	21.1

表7-8　果农培训满意度和收入交叉

单位：元，户

培训满意度	猕猴桃收入					小计
	10000 及以下	10001～20000	20001～30000	30001～40000	40001 及以上	
满意	131	177	114	87	164	673
不满意	97	75	44	29	30	275
小计	228	252	158	116	194	948

五　小结

本书采用陕西省猕猴桃主产区948个种植户的一手调查数据分析了农户农业科技培训满意度的影响因素，证实了影响满意度的第一主因子为农户种植猕猴桃经济效益因子。以往学者也曾研究农民培训满意度的影响因素，但大多是针对促进农村剩余劳动力转移而开展的非农技术类培训的满意度研究。目前还没有检索到专门针对农业技术类培训满意度及影响因素的研究，随着我国农业现代化进程的推进和农业科技培训投入力度的持续增加，农业科技培训将逐步受到重视，提升农业技术类培训的满意度将成为重要的研究课题。

在农户农业科技培训满意度的评估中，我们尽可能多地收集了相关自变量，以期能对满意度的问题有全面、深刻的认知和把握，而众多的因素会高度重叠和高度相关。如果过分针对其中一点有可能造成对原有事实的放大，而面对错综复杂的相关性，因子分析能够将收集到的较多变量浓缩为少数几个主因子。杨永梅等（2013）基于因子分析法评价青海省格尔木地区生态、水库、贫困调庄、自发等移民的满意度。此外，前人运用二元或多元回归研究农民培训满意度影响因素的模型中因变量基本是单一的政府主体。本研究基于猕猴桃主产区多元化培训主体的现实情况，分别以不同主体为因变量，分析了农户对各培训主体满意度影响因素的次序性差异。

通过上述的分析，本研究认为应该从以下三方面提升果农农业科技培训满意度。第一，加强农业科技培训主体的联动机制。由单一政府主体的农业科技推广体系向多元化主体过渡的过程中，随着高校、科研机构、专业合作社、龙头企业发挥越来越重要的作用，主体之间提供的培训应当有联系和互动。第二，通过各种形式的在校教育和农民职业教育，提高农村人口的知识水平和文化程度，使其能够较好地理解和掌握培训所提供的现代农业科学技术。第三，重视培训质量和种植收益的结合，培养农户培训的忠诚度。果农种植猕猴桃的直接目的是取得可持续的经济收入，政府、企业、高校、合作社等多元主体在提供农业科技培训时应尽可能地将培训内容与种植预期收益结合起来，从而提升农户的满意度。

第八章 "多中心"视角下新型农业
科技培训体系

自 20 世纪 90 年代以来,西方公共管理领域逐渐兴起了一股
"治理"思潮,一直延续至今。其实质是强调政府组织、营利性组
织、非营利性组织乃至个人共同承担公共事务的管理权限和责任,
以达到多元供给的目的。近些年,农民培训的治理范式已经成为
当今西方主要发达国家在农村地区进行公共服务改革的主要目标
之一(陈建录、李文锦,2013)。

一 运用多中心理论解释农村公共物品
多元化供给的逻辑

"多中心"理论作为一种新型的治理模式,在公共物品供给上
有其自身特点和价值。该理论提供了一种新的解决公共物品问题
的思路,以赋予公众更多的选择权利和自主性的起点,以制度安
排为依托,形成公共物品供给的"多中心"特征。在农业科技培
训的实践中,"多中心"供给又表现为以多重差异性的供给单位为
特征的供给主体多元化。党的十八届三中全会首次提出了"推进
国家治理体系和治理能力现代化",实际上就是要发挥政府、市场
和社会多元主体在现代治理中的作用,实现国民利益的最大化。
农村公共物品是指为满足农民在生产、生活上的需要而提供的具
有非排他性和非竞争性的物品,不仅包括有形的产品和服务,如
道路、农田水利建设,还包括农民教育培训、科技、信息等软公

共产品（曲延春，2014）。如何正确发挥多元主体的联动机制作用，确保为农业产业化发展和农户提供更多的公共物品，成为学者们探讨的重要问题之一。

在改革开放之前，我国政府全方位地供给公共物品，形成了政府一元化公共物品供给模式，政府在整个体系中处于绝对核心，因此出现了"头重脚轻"的格局，且供给总量不足（满明俊、李同昇，2010）。同时市场和农户的中间环节过多、信息失灵，造成了资源浪费和供需的不均衡。在建立市场经济体制的重大战略确立之后，政府在公共物品供给领域逐渐转变角色。市场逐渐引入，发挥其资源配置上的优势，成为治理中另一支重要力量，如毛寿龙指出，地方公共产品和服务的改革正在进行着。宋官东等（2010）依据多中心理论中公共物品生产和提供相分离的观点，认为公共物品的市场化供给在具备一定的必备条件后已成为可能。从理论上来说，家庭联产承包责任制的出现使得原来组织化的农民变成分散的。因而，农村公共物品的市场化供给是生产力发展的客观需要，也是国家体制改革的结果。一方面，市场化供给补充了政府一元化主体的不足，农户需求得到更多的满足。但另一方面，市场化改革出现了"一改了之""甩包袱"等问题。20世纪80年代后，中央政府的财政投资依然是非农偏向，这导致了农村公共物品供给的严重问题，影响了我国的农业生产。

世界各国公共物品供给主体的变化过程，暗含从政府中心到市场中心再到"多中心互补"的潜在逻辑。"多中心"已经成为公共物品的生产与治理公共事务的一种思维方式和理论框架，其含义是政府、市场和社会力量的共同参与。我国农村公共物品的供给也由原先的政府单一供给主体的机制开始转向新型的多元化供给方式，而这种供给主体的多元化带有一定的"多中心"色彩。因此，运用多中心治理的思路创新农业科技培训体系对农村人力资源综合素质的提高和农业产业的发展具有积极意义。

二 多中心理论基础

关于公共物品治理传统的观点,有市场派和政府派两种。市场派以公共选择理论为基础,基于经典的"理性经济人"假设认为,人们会通过市场达到帕累托最优。面对市场派治理模式所带来的市场失灵,以凯恩斯主义为代表的政府派强调,政府理应在公共物品的治理过程中以"看得见的手"——强势政府的身份进入公共事务治理的诸多领域(李平原、刘海潮,2014)。

奥斯特罗姆在承袭了英国社会学家波兰尼自由秩序的观点后,提出了"多中心"理论。波兰尼在对组织形式进行分析时,提出了"指挥秩序"(commanding order)和"多中心秩序"(polycetre-city order)。指挥秩序,又称一元化的单中心秩序,是指通过一元化上级指挥与下级服从的长链条维系运转。波兰尼认为,这种单一链条中隐含着深刻危机以及理论上的重大缺失,除非终极权威由无所不知的观察家操纵,且所有下属完全听从于上级的指挥;否则,由于个人有限的知识和技能,最高决策者便会负荷超量力不从心,下级便会扭曲信息取悦上级,引发协调和指挥的失误。多中心秩序是相对于指挥秩序而言的,是指许多行为单位既相互独立、自由地追求自己的利益,但又能相互调适,受特定规则的制约(王雅静,2006)。

(1)多中心治理首先意味着在公共物品生产、公共服务提供和公共事务处理方面存在多个供给主体。陕西省关中地区猕猴桃主产区的农业科技培训中已出现多个供给主体。在实地调查和走访中笔者发现,各级政府、高校、科研机构、龙头企业和合作社均为种植户提供全产业链各个方面的培训。并且多中心主体呈现交叠性和合作性,比如龙头企业和合作社会邀请地方农业技术推广中心为其成员提供所需农业科技培训,且一般是免费的。但目前的多元主体之间还没有形成一个有效的治理秩序，可行的制度安排是本研究要解决的问题之一。

（2）生产与提供相分离。多中心理论分析和强调了公共物品的供应和生产相分离的可能性和必要性。"在公共物品的生命周期中，大致存在着三个角色：消费者、生产者和连接消费者与生产者的中介者。"（奥斯特罗姆等，2000）"多中心"治理模式的一个重要基础就是"公共物品和服务的生产与公共物品和服务的提供分开来"，区分为"生产"和"提供"两个环节，并分别被描述为产品得以存在的过程和消费者得到产品的过程（麦金尼斯，2000）。由于这两个环节的目标不一样，因此，在供给中有必要将其分离。这种分离在一定程度上改变了供给的运行模式和效用实现的流程。因此，政府具有更为鲜明的对价值权威性分配的职能；而承担生产职能的主体可以更自由地以利润为目标导向展开运行。这种分离的结果是主体的多元化，与原先单一政府组织生产的情况相比，分离造成了多种形式的社会化生产，其中一个重要的主体就是营利性组织——企业。具体来说，政府决定公共物品的种类、数量和质量，然后由营利性组织承接生产，见图8-1。

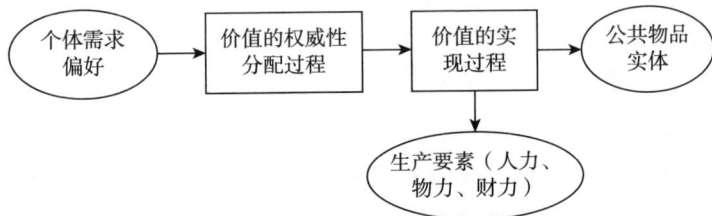

图8-1 供应与生产相分离的流程

（3）政府转变自身的角色与任务。多中心治理既反对政府的单一垄断，也不赞成完全的市场化。它强调政府角色、责任与管理方式的变化。多中心治理中政府不再仅仅是单一主体，而只是其中一个主体，管理方式也从以前的直接管理变为间接管理。政府供给公共物品有两种形式：其一是全过程供给，政府既是生产者也是提供者；其二是政府公共决策和财政供给，具体的生产过程由企业等组织承担。

三　多元化供给主体的功能

根据多中心治理理论，政府并不是国家唯一的权力中心，各种营利性组织和非营利性组织只要得到公众的认可，就都可能成为各个不同层面上的社会权力的中心；社会科学中长期存在的两分法传统思维方式应予摒弃，公私机构之间的界限和责任变得模糊，国家职能的专属性和排他性渐趋淡化，国家与社会组织间的相互依赖关系空前张扬；在政府完成社会职能的手段和方法方面，政府除了采用原来的手段之外，还可采用新的管理方法和技术，以更好地对公共事务进行控制和引导。本研究中新型农业科技培训供给主体的多元化主要是指形成农业科技培训的政府组织供给、农业院校和科研机构供给和龙头企业与合作社供给的多元形式。

（一）政府——新型农业科技培训的中介者

农业科技培训的公共物品属性决定了政府的供给主体地位。构建农业科技培训的多元供给机制不是对政府职责的否定，而是为了寻求更为有效的农业科技培训供给模式。多元化供给主体体系与一元化供给主体存在本质的差别，政府的职能也需要相应的转变。多中心理论的分析指出"由政府单位提供制度安排，解决通过协议得不到解决的冲突"。第一，公共政策支持。政府为"多中心"的农业科技培训供给提供政策保障和制度安排，建立合作的多方联动机制，在此机制下各供给主体才能开展积极、有效的协作。第二，鼓励多元主体的参与。政府应鼓励科研单位、营利性组织和非营利性组织等非政府供给主体积极参与供给，充分发挥各自特点和优势提供科技培训。积极协调各供给主体间的合作，使其能够相互支持、自由沟通、紧密配合、相互合作。第三，增加对农业科技培训的国家财政补贴。非政府组织供给主体的实力有限，不能满足自己资金需求，因此需要各级政府财政的大力支持。

（二）农业院校和科研机构——新型农业科技培训的生产者

农业高等院校应充分发挥大学具有的科技人才优势，加速农业科技成果转化，坚持科教结合服务区域的农业产业和地方经济发展。以大学为依托的农业科技推广与培训，可提高广大农民的农业知识和对农业先进科研成果的认识。农业科研院所主要是服务农业产业、以科学和技术研究为主的非营利性机构，是我国农业科技领域的"领军者"。在农业科技研发的基础上，其推进农业现代化和产业化的进程。目前，大部分农业高校和农业科研院所都采取了多种途径与其他农业推广组织合作开展多种形式的农业科技培训。

农业院校和科研机构作为新型农业科技培训的生产者具有以下优势：一是技术拥有者直接为农民服务，为解决科技与农业产业实际脱节提供一种有效方法；二是探索出一种科研课题来自实践，实践中的问题能较快发现和解决的机制；三是初步解决科技人员不能长期在农业一线扎根和进行持续研究的问题，创建不断产出成果的条件和环境；四是科研工作者尤其是大学的专家教授在实践中可获得知识和经验，对丰富教学内容、提高教学质量有促进作用。

（三）龙头企业和合作社——新型农业科技培训的提供者

以政府、高校、农科院系统的站、所为主体，对农民进行技术培训（褚彩虹等，2012；孙武学，2013），忽视了农民也是培训的重要组成部分。单个的原子化农民无法与组织化的培训体系对接，会造成培训效果不尽如人意。龙头企业和专业合作社可以将有需求的农户组织起来，搭建农业技术培训的平台，反映农民的集中需求，更好地对接普通农户和培训机构，如图8-2所示。

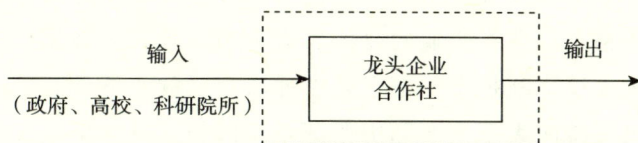

输入　　　　　　　　　　　龙头企业　　　　　输出
（政府、高校、科研院所）　　合作社

图8-2　龙头企业和合作社与其他主体对接示意

1. 龙头企业的功能

在这个多元主体协作的新型农业科技培训体系中，除了政府主体和科研机构主体外，还应当重视发挥涉农龙头企业和农业专业合作社的作用。龙头企业的功能主要表现在以下几个方面。（1）引导农民生产。龙头企业一头连接市场，一头连接农产品基地和农户，起着桥梁和纽带的重要作用。在经营中龙头企业可准确分析市场信息，能将准确的信息传递给农户，并按照市场需求组织生产；我们还可以借助于龙头企业的规模和实力，向农户提供资金、技术和农资设备等，推进农业的发展。（2）深化产品加工。多年来，由于生产与市场脱节以及农产品的季节性和区域性，我国时常出现农产品买卖难现象。龙头企业能够将农工贸连接起来一体化经营，对农产品进行收集、整理、加工、贮藏、保鲜及均衡供应，扩大营销以进行市场的二次开拓。农产品的加工转化层次越多，其产品附加值就越高，按照共同利益机制农户也可以从中得到更多的利益。（3）提供销售服务。在农业产业化经营的条件下，农户与龙头企业联合形成利益共同体，由龙头企业负责市场销售。在销售方式上，一部分龙头企业直接向农户收购初级产品并直接拿到市场上销售，另一些龙头企业通过加工转化初级产品再销售。

不论何种方式都避免了单个农户直接面对市场、独自承担风险的局面，有助于扩大销售范围、延长销售时间。

自 2000 年起，国家采取了一系列鼓励和扶持龙头企业发展的政策措施，目前已经形成了以 894 家国家重点龙头企业为核心，以 7500 多家省级龙头企业为骨干，以 8 万多家中小型龙头企业为基础的发展格局。龙头企业的总体实力不断增强，品牌建设成效显著，基地规模不断扩大，小企业在带动农民就业方面有着重要作用，政策扶持向大型企业和中西部企业倾斜，龙头企业发展的区域差距逐渐缩小，但同时也存在抗风险能力不足、技术创新能力较差、农产品加工增值水平偏低等问题（赵海，2012）。

2. 专业合作社的功能

农民专业合作社实质上是非政府组织，主要特点是公益性、自愿性和非营利性，是社会力量的代表。在农村社会中，原子化、分散的农民很难组织起来，农户不敢投入较多的成本采用农业新技术和改善生产条件，从而让农产品的品质、农药残留等方面的问题难以得到根本的解决，造成农业增产不增收。在农业产业化经营中，专业合作社是农户连接龙头企业、进入市场的最佳中介组织。在农业产业化经营中，一面是实力较强的涉农龙头企业，一面是较弱势的农户，两者的地位不对称，就可能导致谈判、签约和利益分配上的不对称，使农户处于不利地位。农户们联合起来组成合作社，就会产生聚合规模、制衡力量和制衡机制，从而增强其与龙头企业打交道的能力。另外，龙头企业与合作社打交道要比与单个的农户打交道容易很多，可以节省时间和交易成本。专业合作社扮演着农户利益代表人和保护者的角色，农户相信合作社能够代表和保护他们的利益。

事实证明，合作社可以有效地将农民组织起来。在合作社中的农户，由于能够处于整个技术传播的信息网中，可以获取更多的农业知识和技术。专业种植合作社（如猕猴桃专业合作社）的农民利益同质性强，技术培训需求类同，社员通过合作社的培训平台可以学习种植技术和进行互利互惠合作。如果这样的合作获得利益，就会产生强大的示范效应，吸引农民加入合作社。加入合作社的社员参与合作社活动、决策的频率越多、程度越深，越能够获得新的技术，可以将科技在第一时间转换成生产力和利润。但目前，我国农村的合作社组织发育不足、作用有限，大多以国家正式权利资源为依托，难以有效维护农户的利益。

四 以龙头企业和合作社为核心的多元化主体新型农业科技培训体系

发展区域农业主导产业是农业产业化的主要模式之一，指的是围绕主导产业或主导农产品开展初级的农产品加工、贮藏、营销等，形成以主导产业或主导农产品为主体，延伸增值的产业链的一种组织模式。然而，随着陕西省猕猴桃产业化的建立和完善，传统的政府主导型农业科技服务体系已经不能满足农业发展的需求，需要进行改革和创新。

新型农业科技培训体系将改变以往政府在此方面的核心地位，转变为供给主体多元化基础上的以龙头企业和专业合作社为核心的多方联动机制。由龙头企业和专业合作社将政府、大学、科研机构连接起来提供市场和产业化需要的全产业链的农业科学技术，构建多元供给主体之间"有序"的协作机制和双赢、互动的农业科技服务模式。新型农业科技培训体系要求政府转变角色与任务，政府从主导农业科技培训的全过程转变为提供制度安排和政策支持，实现培训的生产和供给者相分离，发挥龙头企业和专业合作社在产业发展中的核心作用。

如图8-3所示，在多元化供给主体的科技培训体系中，政府是培训的生产者和提供者之间的中介，在支持高校和科研机构进行基础性研究、提供更多科研资源、促成产学研合作的同时，也积极促进龙头企业的发展。农业高等院校和科研院所基于自身在农业产品和技术研发中的优势，是农业科学技术的生产者。龙头企业和专业合作社是农业产业化发展的基础，肩负着将农业技术和广大农户对接起来的重任（胡浩民等，2011）。

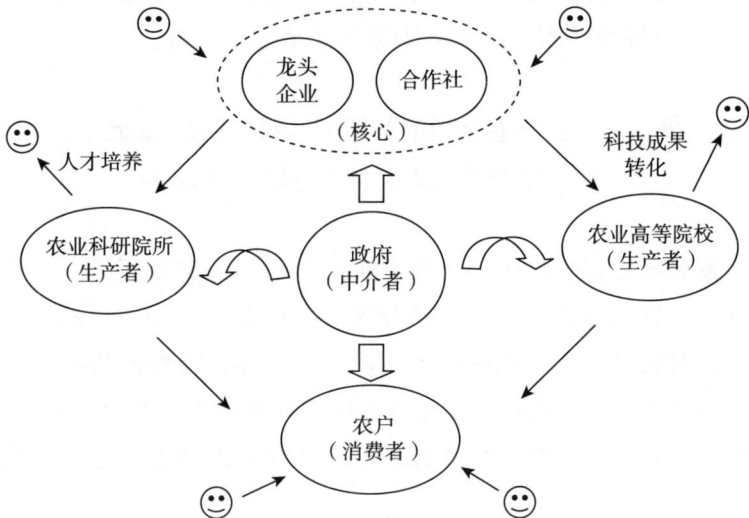

图8-3 新型农业科技培训体系中各主体的角色

说明：☺ 表示农户。

五 新型农业科技培训体系的运行模式

农业产业化初期出现的"龙头企业（合作社）＋农户"的模式由于缺乏相应的利益连接机制，龙头企业和农户相互之间无法实现有效的合作。新型农业科技培训体系连接多元供给主体，出现了以下几种运行模式。

（一）龙头企业 + 合作社 + 专家 + 农户

市场经济环境下龙头企业和农户是不同的利益体。我国目前的状况是由于龙头企业很少，造成市场竞争不充分，极易引起农产品价格的垄断。单个农户与龙头企业相比又明显地处于弱势位置，所以需要建立真正代表农民自己利益的经济合作组织。"龙头企业 + 合作社 + 专家 + 农户"的模式是农民在市场竞争中联合起来与龙头企业和中间商平衡利益关系的必由之路。龙头企业与专业合作社协作能够更贴近农户，及时了解农户的需求，提高农户对农业科技成果的认知，使农户更快地接受农业新产品、新技术。这种模式下的农业科技培训由农民自己成立的合作社或专业协会与企业协商来提供，龙头企业直接与专业合作社沟通可以大幅降低培训成本。

（二）龙头企业 + 基地 + 专家 + 农户

农产品基地是指由政府、企业和农户联合，在自然条件和社会经济条件适宜的地方，根据农业产业化经营的要求、资源状况和市场需求，有规划有重点地建立起来的农产品专业化区域。建立具有一定规模的农产品基地，是推动农业产业化的一项基础性工作，直接影响着农业产业化的规模和效益。同时，农产品基地的建立有利于改变我国不合理的农业布局、提高农业商品率、改善农产品的质量，是农业产业化经营取得经济效益的重要保证。在"龙头企业 + 基地 + 专家 + 农户"的模式下，龙头企业和农户之间订有产销合同，是互惠互利的供销关系。这是目前农业产业化经营中采用最多的一种模式，特点是帮助企业和农户按合同规定来安排生产，可以最大限度地回避风险。

（三）合作社+专家+农户

农民专业合作社经济活动的一体化程度介于企业和政府之间，比企业高，但又比政府低，在某些方面发挥政府所能发挥的作用。同时，专业协会及合作社提供的农业科技信息也具有较强的针对性，并能较好地把握农业产业的动态，及时地了解农产品市场的信息，有效地将社员与市场连接起来。这些组织最清楚农民需要什么，是农村科技服务体系信息服务系统中的一个信息源。专业合作社与农业高校和科研院所的专家、教授合作，为其提供高新技术成果和必要的技术服务，尽快把农业科技成果保质保量地转化为实物，以更快、更好地提供给农户。下一章节将具体分析陕西眉县的第五村猕猴桃专业合作社的经营模式。

六　新型农业科技培训体系中主体的运行障碍

（一）政府

各级政府通过引导、激励、保护和协调等方式影响着多元化供给主体合作的整个过程，它在新型农业科技培训体系中的缺点主要体现在中央政府和地方政府的权责分配不清。各级政府在农业科技培训的服务提供中职责不清，事权与财权不对称，上级政府可能利用权力把供给责任推给下一级政府，导致基层政府所承担的事权大于其财权，无力承担供给责任。

（二）农业院校和科研院所

农业院校和科研院所是农业科学技术的生产者，在新型农业科技培训体系中的缺点主要体现在：动力不足和资金不充足。动力不足体现在科技成果激励机制不健全以及市场条件下农户和龙头企业不能有效对接，这使得一方面使论文形态、中间形态的农业科技成果大量积压下来、不能推广；另一方面农业院校和科研院所拿不出农户和龙头企业迫切需要、有市场前景、自主创新的科技成果，造成培训的有效供给不足。

（三）龙头企业和合作社

涉农龙头企业和专业合作社是新型农业科技培训体系的核心，其缺点主要是数量和发展规模有限。以眉县为例，眉县共有猕猴桃深加工企业 4 家，随着猕猴桃鲜果产量的逐年增加，只靠这 4 家公司基本不可能实现鲜果的全部消化。以 2013 年为例，眉县全县猕猴桃产量达到 42 万吨，而龙头企业收购的猕猴桃不足 4 万吨，仅占不到 10%。

在合作社方面，本研究对调查数据的分析表明，94.8% 的猕猴桃种植农户选择让批发商上门收购；而选择合作社收购的农户只占 4.3%；只有 0.9% 的农户选择到市场上去零售。另外在选择与企业签订单上，只有 13.0% 的农户有与企业签订生产订单的经历；87.0% 的农户没有与企业签订生产订单的经历。这说明农户在销售渠道的选择上还是比较集中，合作社并没有真正实现猕猴桃多元化销售。

表 8 - 1 2012 年猕猴桃销售渠道

单位：人，%

项　目	批发商上门收购	合作社收购	自己到市场上去
人　数	899	41	8
比　例	94.8	4.3	0.9

第九章　新型农业科技培训体系
供给主体的实践与调查

陕西省猕猴桃产业的可持续发展有赖于农业科学技术投入的增加，农业科技的进一步深入发展也需要产业发展带来的综合效益给予支持。在多元化主体已经逐步出现的情况下，以龙头企业和专业合作社为核心的新型农业科技培训模式也在悄然形成。本研究选取的案例是不同区域、不同类型的龙头企业和合作社。第一，汉中新天地农业发展有限公司。秦岭南麓是陕西省未来20年发展猕猴桃产业的重点核心区域，虽然起步晚于秦岭北麓的周至、眉县等地，但汉中市发挥后发优势、经多方专家论证制定的猕猴桃产业规划，打破传统农业的发展格局，发展现代农业产业。汉中新天地农业发展公司以规模化、集约化和产业化为原则发展猕猴桃产业，以"大园区"形式实现现代农业生产方式，明显区别于关中地区"企业＋合作社＋农户"的经营模式。第二，奇峰果业公司。这是由猕猴桃专业合作社发展而成的龙头企业，目前奇峰果业公司和奇峰猕猴桃专业合作社仍同时存在，其果品来源主要以订单或合同的形式收购农户的猕猴桃。第三，第五村猕猴桃专业合作社。它是眉县县域内最大的猕猴桃专业合作社，重视农业科技的培训，有专职的培训人员和场地，根据猕猴桃生长周期开展猕猴桃品种选择、施肥、授粉、剪枝、病虫害等方面的科技培训。

一 汉中新天地农业发展有限公司

农业科技的推广和使用是龙头企业发展的内在动力，是农产品质量安全的重要保证，也是转变企业发展方式的根本要求。龙头企业在近两年的发展中，科技推广与培训的意识不断增强。在龙头企业开展农业科技培训的实践中，龙头企业和农户都越来越认识到相互合作、互助共赢的重要性，龙头企业还结合自身优势与地方农技中心、农业院校和科研院所建立了不同的合作方式。因此，龙头企业成为连接农业科学技术的消费者和生产者之间的核心。

（一）基本情况

汉中位于陕西省西南部，北倚秦岭主脊，与陕西省宝鸡市、西安市为邻，南界大巴山主脊，与四川省广元市、达州市达川区毗连，东与陕西省安康市相接，西与甘肃省陇南市接壤。它是西北连接西南、东出中原的咽喉要道，是关天、成渝、江汉三大经济圈的结点城市，是国家179个交通枢纽城市之一，是秦巴山片区区域发展与扶贫攻坚中心城市。

汉中市总人口386.24万人，其中农业人口296.54万人，占76.8%。随着11个中央一号文件的出台，强农、惠农政策力度进一步加大。近年来，陕西省委、省政府把猕猴桃产业作为继苹果产业之后的第二大果业主导产业予以支持发展。在全省现代果业规划中，秦岭南麓是重点发展区域之一，而汉中被纳入猕猴桃产业发展战略规划，被确定为新建基地核心区。汉中市立足资源禀赋，以市场为导向，以农民增收为目标，以科技创新为支撑，以质量安全为核心，以高标准基地建设、标准化生产、培育壮大新型经营主体为重点，坚持集中连片、整村推进，着力打造果业新的增长点，大力推进猕猴桃产业快速健康发展。汉中规划到 2025 年，猕猴桃基地面积在 30 万亩、产量稳定在 60 万吨，建成 300 个猕猴桃整村推进专业村，建设猕猴桃标准化示范园 30 个。

汉中市能被纳入猕猴桃产业发展规划除了优越的政策环境外，其区位优势及生态果业发展前景广阔也是很重要的条件。汉中地处南北气候过渡带，生物资源丰富，是中国最大的北缘柑橘果品生产基地，也是猕猴桃的最佳适生区。汉中市地处"关天""成渝"两大经济区结合部，西汉、十天高速公路的建成，汉中城固机场通航，宝巴高速、西成高铁的建设，将改善当地经济发展的环境，为人流、物流、信息流、资本流等生产要素向果业集聚提供便利。随着人们生活水平的提高，绿色、有机食品正在成为消费潮流和经济增长点。汉中市森林覆盖率 52%，无工业污染，具备绿色有机食品的生产环境条件，同时当地为南水北调水源涵养区，又被纳入国家经济循环聚集建设示范市，这些都为为发展生态果业和绿色有机果业提供了得天独厚的条件。

汉中新天地农业发展有限公司发起人李勇君曾在北上广等地创业，从事过零售、餐饮、房地产、外贸等工作，2008 年，刚刚组建的城固果业局急于寻找当地农业产业化的突破口，响应家乡的要求，其回乡创业。经过一番走访调研，他最终选择了猕猴桃作为农业产业化的突破口，并于 2009 年成立汉中新天地农业发展有限公司。公司注册资金 500 万元，现有资产 6600 余万元，公司主营猕猴桃标准化示范生产、储藏销售，有机柑橘生产加工，薯类食品深加工，特种养殖和秦巴农林特产加工销售。现已成为陕南农林特产、食品加工的主要企业，优质猕猴桃、有机柑橘是其生产销售的两大主导产业，正逐步发展成科、工、贸于一体，产、加、销一条龙的产业发展格局。该公司是汉中市人民政府命名的科技型农业产业化龙头企业，也是陕西省果业局汉中猕猴桃试验站建设单位和汉中市现代农业园区建设单位。

公司现有五个基地、三个工厂和一个展销平台。五个基地是原公镇青龙寺 1000 亩有机柑橘种植基地、三合镇龙王庙村 100 亩优质猕猴桃接穗苗圃基地、原公镇新原村 500 亩猕猴桃高标准示范和教学基地、原公镇田什字村 3200 亩猕猴桃现代农业产业园、三合镇天地园大鲵养殖基地；三个工厂是万吨有机柑橘分选包装厂、康亿园生态食品生产厂和正在建设中的年产 500 吨紫薯花青素加工生产厂；展销平台为 600 平方米康亿园"汉中印象"农特产品展销大厅。在校企合作方面，公司主要是与陕西理工学院、西北农林科技大学、华东农业大学等高校合作。公司与陕西理工学院合作，已取得 5 项专利技术和 1 项著作权，荣获 1 项省级科技进步奖，公司产品"翠香"猕猴桃荣获陕西猕猴桃优质产品称号；"康亿园"牌核桃油、"秦岭黄金蜜"被国家级杨凌农高会授予"后稷奖"。公司秉持"以人为本、铸造精品、互利多赢"的宗旨，始终把对消费者的社会责任放在首位，连续被县市工商局授予"守合同重信用企业"。

（二）各级政府对企业的政策和资金扶持

除了在技术上得到高校的支持外，汉中新天地农业发展有限公司也得到了政府的扶持。对公司来说，政府的扶持力度在最初可以说是很小，但不可否认扶持力度正在逐渐加大。第一块产业园无任何扶持，第二块提供了一些苗木上的支持，接下来省果业局把猕猴桃产业发展定为重点项目，累计为汉中猕猴桃试验站提供了 30 万元的项目资金支持。由于汉中新天地农业发展有限公司是通过自己投资建立基地来生产猕猴桃的，为了实现集约化、规模化的生产，需要进行大面积的土地流转。一般来说，土地流转有两种情况：第一种是农户把土地的使用权转让出去，保留承包权和承包合同，按年收取一定的租金；第二种是农户把土地承包合同和经营使用权一起转让，在承包合同约定的期限之内，农民脱离土地，不再保留任何权利。然而就目前看来，公司要想让当地及周边农户流转出自己手中的土地是非常困难的，因为当前的土地流转方式还存在诸多问题。公司希望在当前情况下能由政府出面协调流转土地，实现猕猴桃基地建设的又好又快发展。

（三）"大园区＋小业主"的经营模式

汉中新天地农业发展有限公司在原公镇田什字村流转土地，建设 3000 亩猕猴桃现代农业产业示范园区，采取"大园区＋小业主"的发展经营模式。它依托农业龙头企业和农民专业合作组织的资金、市场、技术优势，引导农户通过转包、互换等形式实现连片规模开发，从事猕猴桃生产，创建示范园区和生产示范基地，推进集约化经营，辐射带动周边群众种植猕猴桃 600 多亩。

为引领城固县猕猴桃种植步入快车道，实现金果富农、企业发展的双赢目标，公司拓展猕猴桃产业经营思路，创新推出"整村推进、连片发展、公司建园、家庭经营、合作社运作"的产业发展模式。以公司正在进行中的"511"工程为例，其以整村推进的方式集中连片流转土地 500 亩，由公司出资统一建园，以 5 亩为一个作业单位承包给本村 100 户农民家庭经营，预计四年后果园挂果户年均纯收入不低于 10 万元。

（四）由企业组建猕猴桃试验站

2011 年，陕西省省猕猴桃产业工作会议确定，陕西省猕猴桃产业发展重点由秦岭北麓的关中向陕南转移。同时，汉中新天地农业发展有限公司在汉中市城固县投资建立了陕南唯一的市级猕猴桃试验站。试验站主要开展适宜陕南地区的猕猴桃新品种繁育、农业技术研究、试验和示范推广，开展猕猴桃种苗繁育、扩繁和新优品种示范等工作。该猕猴桃试验站的建设对发挥汉中市独特的生态、资源优势，促进全市猕猴桃产业健康快速发展具有十分重要的作用。

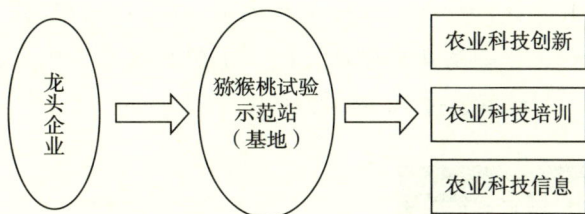

图 9 – 1　龙头企业与试验示范站

（五）农业科技培训及效果

　　由于汉中地区没有大规模种植猕猴桃的经验和技术，地方政府部门（如农技中心、果业局）基本不能为农户提供相应的猕猴桃技术培训。汉中新天地农业发展有限公司的汉中猕猴桃试验站与西北农林科技大学猕猴桃技术团队和陕西省果业局紧密联系，是西北农林科技大学、陕西理工学院产学研校企合作签约单位。2014 年总共开展了四次猕猴桃新品种、新技术的大型培训，常规培训形式是试验站针对新天地园区的小业主开展的每两周一次的猕猴桃科技培训课程。

　　公司所建标准化示范园带动小业主和当地周边农民种植猕猴桃，2014 年果园刚开始挂果时亩均纯收益就达 1 万元以上，果农刘某约 1.5 亩的猕猴桃便获得了 3.3 万元的超预期好收成。新建的 1300 亩示范园区更是带动小业主 13 户，每户发展猕猴桃 20 ~ 30 亩不等。由于猕猴桃的挂果时间需要 3 年，汉中新天地公司农业发展有限的猕猴桃树大多数还未到丰产期，因此尚未有明显的经济效益。

二　眉县齐峰果业公司

　　在陕西省眉县国家级猕猴桃批发大市场的齐峰果业有限公司

新建生产车间里，两条当今世界最先进的法国迈夫猕猴桃全自动分选线在工作着。一批又一批猕猴桃果不断滚上分选线，经过分拣、刷毛清洗等一系列程序后，回到了包装工人手中，进行贴标签、装箱，全程不超过 10 分钟，见图 2。

图 9 - 2　齐峰果业生产流程

一气呵成、高度自动化的包装方式，令众人发出阵阵惊叹声。而它的缔造者齐峰果业总经理齐峰，则在众人的背后露出了欣慰笑容。"30 年前，我不敢想象能有今天的成就，"这个依靠小小猕猴桃而发家致富的 47 岁西北汉子回忆道。他认为成功的秘诀就在于不断地学习、思考和探索，将自己喜欢的事情做到底。

刚开始创业时，齐峰就给自己定了一个目标：当一个成功的生意人。为了积累经验，他在工厂打过工、推销过皮鞋、做过蔬菜贩子。1997 年，齐峰在上海意外发现了猕猴桃商机：眉县猕猴桃运到上海后，价格相差了近十倍！他立马收了 5 万千克的猕猴桃，运到上海，一个月挣了 8 万多元。这让他尝到了甜头，也从此跟猕猴桃结下不解之缘。

（一）基本情况

眉县地处秦岭北麓，地理条件优越、气候条件独特，是猕猴桃最佳适生区。近年来，眉县立足于区域、农业科技、资金三大优势，大力发展猕猴桃产业。全县果树面积达到 31.6 万亩，其中猕猴桃 28.6 万亩，葡萄、草莓、大樱桃等特色鲜杂果 3 万亩。全县果业从业农户数突破 6 万户，占全县乡村总农户数的 88%。123 个行政村中，121 个村栽植猕猴桃，村均 2325 亩，农民户均种植猕猴桃 4.2 亩，人均 1.1 亩。2012 年猕猴桃总产量达 35 万吨，产值 21 亿元，农民人均猕猴桃种植业收入达 8000 元。果业，尤其是猕猴桃产业现已发展成为眉县县域农业经济的第一大主导产业。

齐峰果业有限责任公司（简称"齐峰果业"）是陕西农业产业化重点龙头企业，成立于 2010 年，注册资金 800 万元，资产总额 6000 万元左右，由眉县齐峰富硒猕猴桃专业合作社发展而来。其主要从事猕猴桃种植、生产；新技术、新品种引进推广；技术培训、技术交流及信息咨询；收购、储藏、销售，以及观光农业等业务。

齐峰果业现有气调保鲜库 126 座，储存量 12000 吨，拥有世界一流的全自动猕猴桃分拣线 14 条，日分拣量达 300 吨以上，标准化包装车间 2 个共 7000 多平方米，自有有机猕猴桃基地 3000 多亩。早在 2008 年，齐峰回到家乡眉县创业，由于他拥有多年的农产品贩运经验，他牵头成立了齐峰富硒猕猴桃专业合作社这一农民合作组织，主要从事猕猴桃的种植、收购、储藏、销售等业务。合作社由最初的 37 人发展到现在的 351 人，注册资金达 646.35 万元。2010 年 8 月其被评为陕西省合作社"百强示范社"；2012 年 7 月被农业部命名为"全国农民专业合作社示范社"。

出于对产品出口、农民培训等方面的考虑及业务、市场拓展的需要，2010 年齐峰又投资注册了齐峰果业有限责任公司。经过多年的发展，齐峰果业现已发展成为一个集基地种植、冷库贮藏、市场直销于一体的猕猴桃综合企业。

（二）组织架构和人力资源情况

齐峰果业的组织架构如图 9-3 所示，设总经理一人，直接负责采购部；下设副总经理 2 人，分管后勤和销售。后勤方面设有综合办及财务部，综合办又分为行政办及人力资源部；生产方面有生产部和销售部，销售又具体分为体验店销售、网络销售、市场销售三部分。公司目前专职人员有 200 人，男女比例 6：4。管理人员 20 人，其中大专以上 15 人，本科及以上 5 人，包括兼职人员在内，员工最多时达 700 多人。

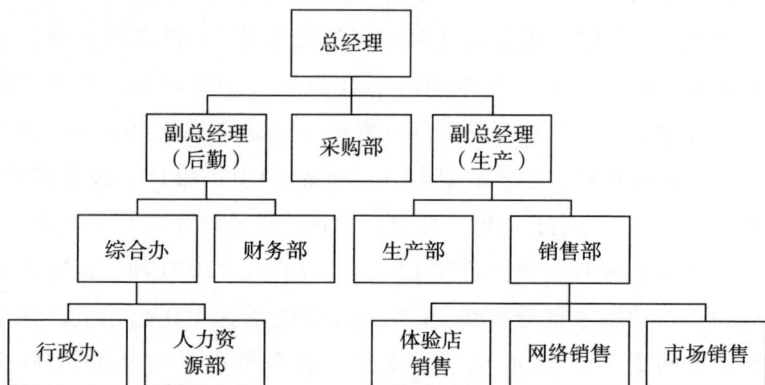

图 9 - 3　齐峰果业组织架构

（三）各级政府的资金资助

齐峰果业的企业规模能在几年内得到迅速扩大与政府的资助是分不开的。在政策允许范围内合作社及公司都得到了一定的扶持，在税收上印花税也有一定程度的减免。2010 年，在县委县政府的支持下，齐峰果业进入国家级眉县猕猴桃批发交易中心产业园区，总投资 3000 多万元，占地 39 亩，建筑面积 14200 平方米，建设气调保鲜库 48 座，仓储量 6000 吨，分拣包装车间 4000 平方米，引进法国迈夫全自动生产线，日加工量 300 吨以上，项目建成后可带动 2000 户果农走有机猕猴桃产业化之路，间接带动 2000 户果农增收致富。

猕猴桃采摘后 2 天内必须冷藏处理，因此可以说猕猴桃商品质量和冷藏库的好坏有很大关系。为了提升果品的贮藏水平，增强规避市场风险的能力和竞争力，陕西省政府从 2011 年起在全省实施合作社果品贮藏百库建设工程（简称"百库工程"）。按照果品贮藏库每千吨有效库容不低于 4000 立方米的原则进行分类补助。每个气调库补贴 120 万元，每个冷藏库补助 80 万元。2012 年，气调库补助标准下降为 100 万元，冷藏库的补贴标准不变。在百库工程的带动下，眉县猕猴桃产业及洛川苹果产业的冷藏库库容得到了极大地增加，在拥有了较大库存能力后，其市场也得到了进一步扩展。

（四）从合作社到农业龙头企业

2012 年年底，眉县果农惊奇于一个这样的消息："齐峰合作社要对社员和果农进行分红返利。社员按照当初注册资本投入情况，每 100 元分红 500 元；果农依照交易量，每斤多加 5 毛，进行返利。"在交易已完成的情况下进行返利，有很多人表示不解，齐峰说："当时合作社盈利了，想通过返利的方式，加强社员和合作社之间的紧密合作关系，鼓励大家继续种好高质有机猕猴桃。"从此，全县果农都记住了"齐峰"这个牌子。2014 年 5 月，猕猴桃刚开花时，就有客商上门预购猕猴桃。但果农们都不愿意出售，因为他们认定了"齐峰"这个好买主。这次返利收到了奇效，现在合作社基本不缺果源。

农民合作社逐步迈入正轨，生产经营规模越来越大，而出于对产品出口、农民培训等方面的考虑及业务、市场拓展的需要，2010 年齐峰又投资注册了齐峰果业有限责任公司，他自己占 51% 的股份，而将公司的 49% 的股份，分给了另外 13 名员工，齐峰还主动为员工们做担保，让员工顺利从银行贷款，成为股东。2012 年，农业部批复同意在眉县建设国家级猕猴桃批发大市场。大市场的顺利建设需要龙头企业的参与和带动，因此眉县力邀齐峰果业进驻大市场。但是齐峰却犹豫了："主要是资金压力大，要投入几千万元，担心影响 300 多名社员和果业公司员工的利益。"

"有这种顾虑，主要是因为不了解大市场的特性和政策，"原县委书记李智远说。企业进驻大市场后，不仅能享受国家在用地、项目等方面的优惠政策，大市场的品牌效应也会促进企业的经营。在劝说下，齐峰终于鼓起勇气入驻。生产车间的建设过程中，发生一个不和谐的小插曲。"企业出于节约成本的考虑，在搭建车间钢结构时，偷工减料，没有严格按照图纸来建设，"齐峰说。县里发现后，李智远让马上拆除："眉县大市场的定位，不仅是一个批发交易集中地，还将成为县里旅游观光的一个亮点，因此，一定要坚持高质量、高规格的建设。"车间投产当天，当参观人员对车间的生产运作情况发出阵阵赞叹声时，齐峰觉得，自己明白李智远的用心了。"高标准的园区，会成为一道风景线，有效地吸引人流，打出名气，不仅能增加县里的旅游收入，带动第三产业发展，而且园区里的企业的生意也会越来越好，"齐峰说。

经过多年的发展，齐峰果业现已成为一个集基地种植、冷库贮藏、市场直销于一体的猕猴桃综合企业。2011 年陕西齐峰果业有限责任公司被陕西省人民政府认定为农业产业化经营重点龙头企业。2013 年被陕西省创先争优系列活动组委会评为陕西省质量服务信誉 AAA 级单位，同年荣获全国名优果品交易会畅销产品奖。2012～2014 年，在省果业局大力支持下，县果业局组织齐峰果业连续三年在台湾成功举办"海峡两岸陕西猕猴桃产销座谈会"，齐峰果业与台北农产共同运销承销商联谊会、台湾冠果实业有限公司、台湾鑫北国际开发有限公司等签订了眉县有机猕猴桃销售到台湾协议，这标志着眉县高端猕猴桃进入台湾，即将向国际市场进军。

（五）线上和线下相结合的销售体系

按照不同消费定位，齐峰果业的销售主要分为国内直营批发、网络批零销售、国内有机高端礼品和国际高端销售四块。（1）国内直营批发。公司现已在北京、上海、广州、嘉兴、南京、金花等地设立自己的猕猴桃批发市场及办公室，并配有保鲜库。同时在北京、上海、西安、眉县开设了 8 家有机猕猴桃直营店。2013年齐峰果业加工销售量达到 18000 多吨，销售额在 1.5 亿元以上。（2）网络销售。齐峰果业网络营销开始于 2013 年 9 月，先后入驻了淘宝天猫、京东商城、1 号店等知名网销平台；到 2014 年 5 月淘宝天猫旗舰店单品完成 200 万元销量，京东、1 号店等其他平台也创造了 180 万元的业绩。同时齐峰果业进一步开展了全民电商计划，大量招募网络分销商。（3）国内有机高端礼品形象店。齐峰果业在眉县、西安、北京、上海四地，开设了 100 多平方米的精品专卖店 4 个，主要经营有机高端猕猴桃的批发、零售、一卡通礼品卡业务。（4）国际高端销售。齐峰果业始终坚持走产品品牌战略之路，通过推动当地猕猴桃产业标准化、有机化作业，不断提升猕猴桃品质，2012 年年底猕猴桃高端产品已销往台湾地区和俄罗斯等国。2012 年眉县猕猴桃台湾推介会期间销往台湾地区价值 300万元的海沃德猕猴桃产品；2013 年出口俄罗斯海沃德产品 100万元。

（六）"公司＋合作社＋基地＋农户" 经营模式的农业科技培训形式及效果

在生产实践中齐峰果业逐渐形成了 "公司＋合作社＋基地＋农户" 的经营模式，以企业为龙头、以猕猴桃专业合作社为纽带、以农产品基地为平台、以种植户为基础，以实现农民增收、企业增效为目标，建立龙头企业与种植基地、合作社、农户紧密联系、互利双赢的运行机制。猕猴桃从田间地头到市场形成了一个完整的产业链，猕猴桃产业健康发展。齐峰果业通过土地流转所得的土地再加上社员自有的土地达到 3000 亩左右，拥有全国最大的有机猕猴桃基地。齐峰果业在"公司＋合作社＋基地＋农户"经营模式之中的关于农业科技推广与培训方面的工作，主要分为以下三种情况。

（1）企业独自从事农业技术推广与培训，主要是齐峰果业内部专门的乡土专家或技术员对合作社社员进行田间地头的技术培训。这些企业内部技术员基本上来自当地的种植大户及种植经验丰富的社员。这种培训类型简单直接，仅仅需要对社员进行增产、增收的效益示范，故而科技推广风险及应用成本都较小（谭智心、孔祥智，2009）。

（2）企业与政府农技部门合作进行农业技术推广与培训。眉县农业科技推广中心会对合作社的社员进行相应的免费培训。企业不会对农户进行良种和生产技术的培训及推广，只有通过猕猴桃的定向采购来提出产品质量的要求，鼓励农户自行采用新品种或者新技术。在这种方式下，农户主要是通过销售鲜果而获益；企业主要是通过对收购猕猴桃的质量监督来促使农户采用满足企业需要的新品种和新技术。

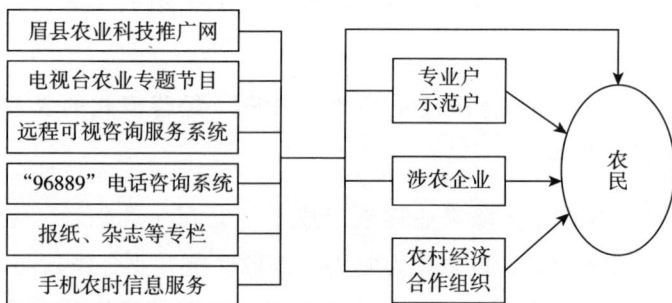

图 9－4　眉县政府农业科技培训方式

（3）龙头企业与高等农业院校合作进行农业技术推广与培训。作为当地龙头企业，齐峰果业与西北农林科技大学有着长期合作的关系。自 2005 年西北农林科技大学与眉县人民政府合作建立了

"猕猴桃试验示范站"，校县双方密切合作，联合实施"猕猴桃产业化科技示范与科技入户工程"，取得了良好成效。6年来，该校累计为试验示范站投入经费600余万元，建立了集试验研究、示范展示、农民培训、学生实习和田间数据监测等多项功能于一体的基础设施。学校选派了各学科10多位专家驻站工作，总结提出了8项规范化配套技术。举办各类培训班30多期，培训果农技术骨干1000余人次，试验示范站现已成为陕西猕猴桃产业的重要科技创新中心。"科技入户工程"依托学校的技术优势，通过抓点示范、培训果农、辐射带动等方式，推广猕猴桃先进实用的生产经营技术，促进眉县猕猴桃产业的标准化发展。全县猕猴桃种植面积由2006年的8万亩扩大到24.7万亩；总产量由11万吨增加到25万吨；猕猴桃产值由2.2亿元增加到2010年的9亿元；农民人均猕猴桃产业收入由846元增加到2010年的3400元。猕猴桃已经成为眉县农民持续增收和县域经济发展的主导产业。

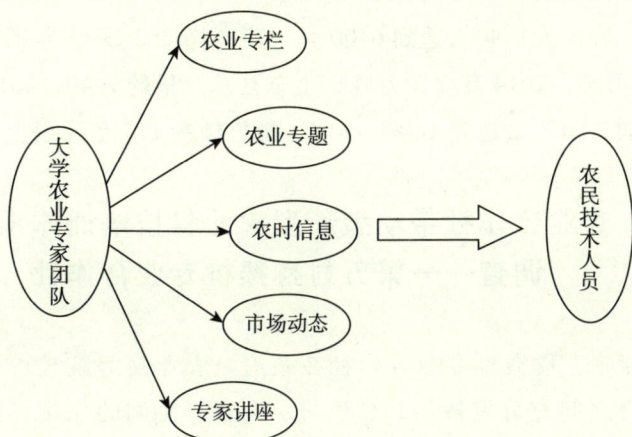

图9-5 大学农业科技培训

在培训层次上，依次由核心技术区、示范推广区及辐射区三个层次构成。在核心技术区，由农技研究者及推广专家对核心区的农业技术人员和重点农户进行培训；示范推广区农业技术人员直接对示范区内的农户进行多种方式的培训指导；辐射区主要是通过电视、广播、报纸、光盘、宣传单、技术材料等来宣传推广新技术。这种层次分明的技术培训，在农业科技的培训与传播质量得以保证的基础之上，又确保了技术的迅速推广扩散。在培训方式上，针对不同的培训对象采取各不相同的方式来开展。对于农业技术人员，一般通过举办培训班邀请专家教授来开展农业技术讲座，区别于以往枯燥的理论说教，培训班更是采用了现代化的多媒体技术，使农技人员更容易领会并掌握重点。而对农民的培训，需要结合当地实际生产情况，着重于生产技术的实际应用。可以由专门的技术骨干到生产区域面对面地对农户进行教授，并辅以"技术快递直通车"和"科技大集"等方式。

农业科技推广与培训的效果主要体现在经济效益上。2013 年眉县猕猴桃总面积达到 28.6 万亩，人均接近 1.1 亩，"一县一业"的格局已经形成，2013 年总产量突破 40 万吨，产值突破 20 亿元人民币，农民人均收入达到 6400 元。而齐峰果业 2013 年的收购量为 1.02 万吨，2014 年 1.5 万吨，占全县总产量的 1/40。2013 年齐峰果业加工销售量达到 18000 多吨，销售额在 1.5 亿元以上。

三 专业合作社带动型新型农业科技培训体系的调查——第五村猕猴桃专业合作社

近年来，猕猴桃专业合作社在政府、农业高等院校、科研院所与农户之间充分发挥组织、引进、沟通、协调的作用，扮演着科技培训核心的重要角色。合作社通过与高校、科研院所以及企业合作，形成了"合作社＋地方农技中心＋农户""合作社＋专家＋农户"等诸多农民科技培训方式，把政府、农业科研、教育单位的各类农业新技术、新品种的研究成果，包括农业经营的管理新方法等传播给农民。

面朝黄土背朝天，朝朝暮暮不得闲。千滴血汗来浇灌，方得秋色满人间。对于一个农民朋友来说，在春天播下希望，在夏天付出激情，在秋天等来成熟，在冬天得到充实是一件再幸福不过的事情了，而 2015 年的秋天对于眉县种植猕猴桃的农民朋友来说是个煎熬的季节，不是一年的辛勤劳作没有等来成熟，而是眼前的成熟无法换来收获却换来了煎熬和痛心。由于受到经济形式影响，眉县这个世界公认的猕猴桃最佳种植基地大量猕猴桃滞销，眼看着一幕幕熟悉的悲剧要再次上演。2014 年陕西油桃种植户就曾含着泪拉着车将自家油桃倒进水沟。

猕猴桃出现滞销情况，在眉县已经不是第一次了。20 世纪末，果农和企业单方面追求产量，因此大量使用膨大剂、硬度剂和保鲜剂等，致使猕猴桃质量严重下滑，消费者买到之后无法食用。不以标准种植、不按规范储存，使得陕西猕猴桃产业遭受重创，一度陷入绝境。猕猴桃产业链上的农民、企业、消费者都深受其害。原本红火的猕猴桃产业，短短几年时间，就跌到低谷。当时在外创业的眉县人汶永哲闻听这一变故，心里五味杂陈。心系家乡特色经济发展的他暗下决心：一定要回到家乡投资，竭尽全力重新振兴猕猴桃产业，带领百姓致富，回馈乡民。他在 2001 年回到家乡，成立了一个集果品生产、收购、贮藏、销售、农资配送、技术服务为一体的公司领办型合作社——眉县第五村猕猴桃专业合作社。

在合作社成立之后，情况有了很大改观，以 2014 年冬季陕西省眉县首善镇岳陈村为例，寒冬时节，正是防治猕猴桃病虫害的有利时机。果农陈存财将从合作社领取的石硫合剂喷施到地里，预防猕猴桃溃疡病的发生。谈起种植猕猴桃的收入情况，陈存财掩饰不住内心的喜悦："去年幸亏加入了眉县第五村猕猴桃专业合作社，上年由于收购商普遍赔钱，收购价压得很低，但第五村合作社以每斤高出市场价 1 元多收了我家桃子，所以收入很不错！"

（一）眉县第五村猕猴桃专业合作社的基本情况

眉县第五村猕猴桃专业合作社于 2011 年 3 月经工商局批准成立，经过发展，现有社员 519 户、理事 4 人，各部及基地主管负责人 28 名，注册资本 8500 万元。它主要从事猕猴桃等果蔬农产品的种植、农资配送、贮存、销售及果品包装盒加工、销售等业务。其创始人汶永哲从事广告行业多年，拥有丰富的商业宣传及资本运作经验，在其带领下，经过团队成员的不懈努力，眉县第五村猕猴桃合作社得以迅速发展壮大。目前入社社员猕猴桃的种植面积已达 15000 亩，年产 20000 吨以上。果品销往广州、深圳、上海、北京等 11 个网点，仅 2013 年销售额就达到 8200 余万元。

合作社在眉县国家级猕猴桃交易中心建有 20000 吨气调冷库，占地面积 58 亩；在眉县粮食收储中心第五村粮点、齐镇粮点、营头粮点、小法仪粮点改建有 19000 吨气调冷库；在眉县首善镇岳陈村建有集掺混肥、有机肥生产配送，农资超市，餐饮住宿，物流一体化的大型农资中心，并于 2013 年 5 月成立陕西第五村农资有限公司。

目前合作社已取得猕猴桃原产地地理认证标志。2012 年荣获"十佳农民专业合作社""优秀专业合作社""陕西猕猴桃优质产品""宝鸡市农村青少年科技示范基地""宝鸡市市级现代农业园区"。2013 年被评为"陕西省农业产业化经营重点龙头企业""全国青少年儿童食品安全科技创新实验示范（眉县）基地"，同期加入全国绿色农业食品安全基地联盟，并获得西北农林科技大学有机转换产品认证证书。

（二）各级政府对合作社的支持

合作社经过多年的运营，在农业部和各级政府的大力支持下，不断完善猕猴桃产业结构和相关产业链，努力提高自身硬软件实力，并斥巨资打造年仓储 20000 吨容量大型气调冷库，同时邀请西北农林科技大学专家进行指导培训，力求产品和技术达到更高标准和要求。

眉县县委县政府坚持不懈地组织果业企业、合作社在全国各地开展各种品牌宣传推广活动。眉县果业局每年组织开展各种品牌建设和市场营销培训会，加强对果业企业、合作社负责人进行品牌知识的系统培训，使其真正认识并深入了解品牌的价值和作用。鼓励企业在阿里巴巴、淘宝等各大网站开设网店和销售窗口。争取省级果业专项资金，在国内猕猴桃主销城市建设眉县猕猴桃形象店。

（三）树立猕猴桃品牌，构建销售网络

为了更好地展开猕猴桃的销售工作，合作社于 2012 年成立了陕西第五村果业发展有限公司。该公司位于西安高新技术产业开发区，注册资金 8000 万元，业务范围包括有机猕猴桃储存、销售、进出口贸易以及产业投资等。作为一家高科技农业企业，公司长期专注于为人们提供有机食品和相关服务，努力打造国内顶尖有机食品服务品牌。公司在猕猴桃的销售方面也采取线上线下相结合的方式并加大品牌宣传力度。同时，公司也进军大型商超市场、电子商务领域乃至国际贸易领域，真正做到了业务多元化、经营集团化发展。

公司已注册"第五村"牌猕猴桃商标。为树立公司形象，打造"第五村"品牌，公司通过网络、报刊、广告牌等进行大力宣传，使人们对"第五村"猕猴桃品牌有了一定的认知度。2013～2014 年，公司正式进军全国市场，在公司主要领导的带领下，经过销售精英的精诚团结和不懈努力，共计在全国开发了北京、上海、广州、深圳、武汉、南京等 10 个销售市场，销售业绩稳步上升，为今后的各项业务工作打下坚实的基础。2014～2015 年，为

进一步提升销售终端形象，创造良好的购物环境，公司对全国各销售网点做了进一步的提升，投入大量人力物力塑造企业品牌。

公司已经建立了企业官网，开通了企业微信公众平台，电子商务方面建立了天猫旗舰店和京东平台店，同时在淘宝网店群、淘宝生鲜频道开始宣传销售工作。随后公司将设立自己独立的电子商务网站，并且进驻阿里巴巴线上批发平台，立体式覆盖网络，推动企业更好地发展。

（四）农业科技培训的形式及效果

合作社采用果农自愿加入、入股分红、民主管理、利益共享、分散种植、设点贮存、统一销售的运作方式。凡要求加入合作社的农户经合作社考察后方可入社。经过几年的发展，合作社现在已成为集猕猴桃的种植、加工及果品包装盒加工、猕猴桃专用有机肥料生产及销售于一体的农业产业化合作组织。为了吸引更多猕猴桃种植户入社，合作社还为广大社员免费提供技术培训，资金贷款担保，低成本、高收成、高收入的种植模式培训，及时解决种植户种果技术难题等。

图 9 - 6　猕猴桃种植培训班

合作社为果农提供全产业链的农业科技示范与培训服务。合作社有 90 多名专职猕猴桃技术人员以及 50 余名猕猴桃经纪人，技术员大专以上学历者 10 多人，高中以上学历者 20 多人。技术员在每个工作日为农户解答猕猴桃种植过程中遇到的问题，包括品种选择、化肥使用、病虫害等。经纪人按照猕猴桃生产周期，定期为农户提供上门培训和服务。

从 2013 年春节到 2015 年 1 月，合作社给社员和群众进行了 20 多场农技培训，先后邀请了西北农林科技大学猕猴桃专家张有平，土肥方面专家杨应祥，县园艺站屈学农、张向文等多次来合作社进行培训或在田间地头传授农技技术。同时，合作社在眉县 8 个乡镇 100 多个行政村选拔 20 多名猕猴桃种植能手，组建了 8 个技术服务队，为合作社社员及农户提供服务。眉县第五村猕猴桃专业合作社社员参加现代远程教育学习共计 16 次，学习时间接近 200 小时，培训人数达 1700 人次，培训的内容包括猕猴桃的管理、增产、虫害管理、施肥、浇水及目前猕猴桃的发展前景、猕猴桃的标准化管理。所谓的标准化管理就是利用科学的手段对环境及土壤进行科学的分析，按照地域的不同使用不同的管理手段。合作社在使用化肥、农药等方面，始终以质量为标准点，以生产出优质的产品为切入点，以顾客为基准点，尽心统一标准种植。目前第五村采用 ISO9001 体系来保证从种植、收购、储藏到市场终端的所有流程，严格按照 PDCA 流程依次进行，目前收到的效果较好。

合作社从 2013 年到 2014 年年底，社员统一采购农药化肥达 600 多万元，给社员垫资 400 多万元，给社员检测土壤 10 多次，并在猕猴桃产业界首次开展了 4 次单一元素肥料的搅拌。为提升猕猴桃品质，果业公司先后出资 300 多万元为社员购买了营养液，以减少膨大剂的使用量。同时合作社大量收购眉县 10 多个乡镇和周边县城的油渣，为社员发酵有机肥达 1000 多吨，使得大量劣质果园得到根本性改变。随着人民生活水平的不断提高，尤其是人们

图 9 – 7　农户接受培训

对生活要求的提高，国内外都在积极发展绿色农业，以生产安全、无公害的绿色食品。首先，生产绿色食品要求不用或尽量少用化学肥料、化学农药和其他化学物质，肥料必须促进施用对象的生长并提高品质；其次，肥料不能造成施用对象产生和累积有害物质；最后，肥料对生态环境无不良影响。微生物肥料基本符合以上三原则。近年来，我国已用具有特殊功能的菌种制成多种微生物肥料，它不但能减少农产品污染，而且能够改善农产品的品质。微生物肥料中有益微生物能产生糖类物质，占土壤有机质的0.1%，其与植物黏液、矿物胚体和有机胶体结合在一起，可以改善土壤团粒结构，增强土壤的物理性能和减少土壤颗粒的损失，在一定的条件下，还能参与腐殖质形成。所以施用微生物肥料能改善土壤物理性状，有利于提高土壤肥力。结合目前合作社的发展需要，合作社在岳陈村兴建大型"农资物流配送中心"，占地40多亩，建筑面积16000多平方米。"农资物流配送中心"集农资超市、农作物营养监测、土壤肥力化验、优质农肥农药的生产和配送为一体，真正地体现了农、社、企相融合的第五村猕猴桃生产模式。猕猴桃科技园的建设正在筹划和建设阶段。

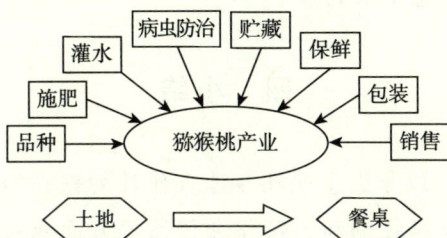

图 9-8　全产业链的农业科技培训

（五）个案分析

社员陈某，51 岁，眉县陈家庄人。他 2006 年开始种植猕猴桃，面积仅 2 亩，自 2012 年入社后家中 6 亩地全部用于种植猕猴桃，2013 年果树初次挂果。在猕猴桃品种方面，刚开始他以红阳为主，由于溃疡病问题无法解决遂决定以种植徐香为主。陈某最初选择种猕猴桃是认为这能获得更高的收益，比种地划算。其主动加入合作社的原因是在种植方面更便捷、在收益上更有保障。入社后，一方面其农资、化肥都由合作社统一提供，且在种植过程中合作社提供全程指导和培训，陈某本人也积极参与。另一方面按照合作社标准生产出的猕猴桃由合作社以每市斤高于市场价两到三角钱的价格予以收购。

技术员钱某，65 岁，眉县人，家中的十几亩地全部种植猕猴桃，以新品种金桃和徐香为主。他曾做过教育工作，下过海，最后考取了农技师资格证，从事农技咨询等方面的工作。目前在合作社技术服务部上班，负责对猕猴桃种植户进行全过程的指导及咨询，尤其是在病虫害防治方面。在工作过程中，钱某几乎每天都会到田间地头对农户进行指导，农户也积极主动向其请教。他在对农户指导过程中发现了一些问题：农户缺乏正确的技术指导和培训，合作社也缺乏大量的技术服务员，且农户大部分没有正确的种植理念，急于求成。

四　小结

（1）优势：以龙头企业和专业合作社为核心的新型农业科技培训体系在农业科技创新、转化和传播等方面起着越来越重要的作用。龙头企业和专业合作社可以整合各种农业科技资源，实现农业技术的优化配置。长期以来政府单一主体的农业科技培训体系造成了农业科技资源的分散，科技资源归各级政府的不同部门管理、各科研机构条块分割，很难实现农业科技资源的最优化配置。这造成了重复研究、资金使用效率低下、科研与推广脱节、农业科技成果转化率低等问题。以龙头企业和专业合作社为核心的农业科技培训体系可以整合各主体的资源，实现农业科技的有效供给。

（2）局限性：农业产业化程度越高、农产品的价格越高，农户对农业科技的需求意愿越强烈，对龙头企业和专业合作社的接受程度就会越高；反之，农产品价格低、农户分散的小规模农业生产，对科技的需求意愿就相对较弱。所以，以龙头企业和专业合作社为核心的农业科技培训体系必须以区域农业产业化和规模化发展为依托。同时，龙头企业和合作社的发展需要各级政府在税收、土地使用、融资、农资供应、产品运输等方面给予大力支持。只有龙头企业和专业合作社发展壮大了，本研究所提倡的新型农业科技服务体系才有用武之地。

第十章　结论和启示

随着陕西省猕猴桃产业的发展及其壮大，传统的农业科技培训体系已经不能全面满足现代农业和市场经济的需求，这严重制约了猕猴桃产业的发展。以政府为主体的公益性普惠形式的培训已经不适应农业产业化的发展需要，在政府的五级农技推广机构的基础上，逐步出现了大学农业科技推广模式，然而无论是各级政府还是农业高等院校、科研院所都不能直接与市场对接。产业经济学的分析指出任何产业发展的基础是企业，农业产业化龙头企业和农民专业合作社必将担当起未来农业产业发展的重任，整合各类组织的科技资源实现农业科学技术的有效供给。在本研究中，运用逻辑推理和实证分析方法，得出了如下结论。

（1）农民是农业科技培训体系中最基本的需求主体，即农业科技培训的消费者。本研究利用陕西省猕猴桃主产区948户农户的一手调研数据，首先通过对培训内容、培训时节和地点、培训师和培训形式等要素进行农户培训需求分析。根据农民的实际需求，今后的农业科技培训应从农业生产技能的培训向包含生产、贮藏、农产品加工、品牌推广、物流、销售等的全产业链培训发展；整合各类教育资源、建设农业科技培训平台，使高等院校的农业专家能够为农业劳动力开展农业新科技的田间示范。然后，采用有序 Logit 回归模型分析了影响农户参与农业科技培训意愿的因素，研究结果表明：农户的培训经历、耕地面积、培训对增产增收的效果、农户采用新技术和新品种的态度、对国家惠农政策的认可度、当地农业科技培训的水平以及是否会主动寻求农业合作社的技术帮助变量正向显著影响农户农业科技培训的意愿；农户的年龄和种植成本负向显著影响农户农业科技培训的意愿。可见，要提高农户的培训意愿，其着力点在于围绕区域主导产业开展农业科技培训并借助各项惠农政策积极鼓励农民参加培训、加强农业科技的示范与推广使农民体会到农业科技对农业生产的促进作用、强化农业专业合作社在社员培训方面的功能。

（2）实证调查结果显示，农户的主观满意度是0.711。因子分析和二元离散模型的分析结果说明，影响农户综合满意度的主因子有4个，分别是种植猕猴桃的经济效益、农户个体特征、培训忠诚度和培训质量。第一主因子为农户种植猕猴桃的经济效益。其中，农户种植猕猴桃的收入是影响农户培训满意度的最重要影响因素，相关统计分析也为之提供了有力的佐证。在政府、高等农业院校、龙头企业与合作社等不同主体实施的农业科技培训中，农户满意度的显著性影响因素和贡献率水平的次序不同。因此，本研究认为应该从以下三方面提升果农农业科技培训满意度。第一，加强农业科技培训主体的联动机制。在单一的政府主体向多元化主体过渡的过程中，高校科研机构、经济合作社、龙头企业发挥越来越重要的作用，主体之间提供的培训应当有联系和互动。第二，应当通过各种形式的在校教育和农民职业教育，提高农村人口的知识水平与文化程度，使其能够较好地理解和掌握培训所提供的现代农业科学技术。第三，应当更加重视培训质量和种植收益相结合，培养农户培训的忠诚度。果农种植猕猴桃的直接目的是取得可持续的经济收入，政府、企业、高校、合作社等多元主体在提供农业科技培训时应尽可能地将培训内容与种植的预期收益结合起来，从而提升农户的满意度。

（3）基于多中心治理理论，结合陕西省猕猴桃产业发展的实际情况，研究包括各级政府、高等院校、农业科研机构、龙头企业和专业合作社等多元供给主体的农业科技培训体系。我国传统的农业科技培训体系是建立在原有计划经济和生产力发展水平较低的基础之上的。伴随着社会主义市场经济的逐步建立和农业产业化经营发展水平的不断提高，必须对原有的农业科技培训体系进行创新和拓展，以适应农村社会发展和农民培训需求的客观要求。新型农业科技培训体系以龙头企业和专业合作社为核心，将政府、大学、科研机构连接起来提供市场和产业化需要的全产业链的农业科学技术，构建多元供给主体之间"有序"的协作机制。

（4）通过对龙头企业和专业合作社的实例分析，探讨以龙头企业和合作社为核心的新型农业科技培训体系的可行性。汉中新天地农业发展有限公司和眉县齐峰果业公司的案例比较说明，处于产业不同发展阶段的龙头企业的特征和经营模式是不一样的，传统优势产区的龙头企业多是在专业合作社的基础上发展而来的，并且现在依然是企业和合作社"两张皮"同时运作，实际上并不是完全意义上的农业企业。土地流转难以实现，种植主体还是以分散的小农户生产为主。新建产区的龙头企业，虽然起步较晚但整体的运营模式是现代农业的生产方式，发展中遇到的主要问题是与其他供给主体的协作不足。专业合作社作为农民自发组建的互助经济组织，不仅能够真实掌握农户的需求意愿（翁辰等，2014）提供资金和技术，还可以形成使农业科学技术在农户个体之间进行传播和扩散的社会网络，实际上目前专业合作社的职能主要体现在产品销售领域。

（1）加大对主产区龙头企业农业科技培训的扶持力度。多中心理论指出"如果公共企业和政府单位要提供的公共物品是一致的，那么公共企业就有动机利用政府提供的公共物品"。在龙头企业有意愿为农户提供农业科技培训的情况下，政府应加强对涉农龙头企业的扶持力度，在科技政策、税收优惠、法律体系等方面给予保障，发挥农业龙头企业在农业科技培训方面的带动作用，促进农业科技成果尽快转化为实际的生产力。同时，加强政府对龙头企业的监督，奥斯特罗姆指出"公共企业直接的协作也能够蜕化为公共资产的合谋，这些情况要有明确的补救"，政府需从公共政策和制度安排上规范龙头企业的行为。

（2）围绕区域主导农业产业，建立农业科技培训体系。建设现代农业的核心是实现农业的产业化。一直以来，如何让农民掌握农业科学技术，发展农业现代化，最终惠及广大农户始终是一个难题。事实证明，将农民科技培训与农业产业的发展结合起来，是提升农民培训需求意愿和保证培训效率的关键。重点开展区域主导农产品的产前、产中、产后的全产业链各环节的技术培训，开展良种推广、农产品营销、深加工等内容的培训，提高农民的生产和经营能力。整合主产区政府、农业高等院校、科研机构、龙头企业和专业合作社等多元化供给主体的科技资源，开展符合农户实际需求的农业科技培训。培训形式和培训内容应与农业产业的生产周期相匹配，注重农产品的经济效益。

（3）提升农村人力资源的综合素质。中国有7亿农民，农村的人力资源素质的提升，是实现农业现代化和社会主义新农村建设的基础。农民教育与培训作为农村人力资源开发的最核心手段，是农村生产率的内在决定性因素（林毅夫，2006；杜育红、梁文艳，2011）。与传统农业相比，现代农业生产方式不仅需要先进的农业装备和基础设施，更需要掌握农业科学技术的高素质劳动力来实施。农民科技培训在改造传统农业生产方式、提供农业生产率、适应自然资源的可持续发展中处于核心地位（Schultz，1964；L. Van Crowder，1997）。新型农业科技培训体系在整合多元供给主体的背景下，可为农民提供现代农业生产技术、转变农村生活方式、提升人力资源的整体素质水平。

（4）中学课程中尝试增设农业科技类课程，并在中等职业技术院校设置与区域主导的农业产业相关的课程和专业。借鉴国外发展现代农业的经验，在高中阶段生物课和物理课的基础上增设农业科技类课程，这有利于培养学生解决问题的能力和对农业的兴趣（Thompson，2001）。联合国教科文组织向 161 个成员发放问卷，调查各国（或地区）的科学和技术课程的设置情况，以及科学和技术课程在普通教育学校中的地位。调查显示，绝大多数国家和地区都在中学阶段设置了综合科学课程。现代农业的发展在很大程度上取决于农民运用农业科技的水平，新型农民的培育应该从中学阶段就开始。此外，农业产业化经营急需的是能在农业第一线工作的农业技能型人才，而农业职业技术院校是培养农业应用型和技能型人才的基地。但是，我国传统的农业职业教育偏重于理论教学，缺乏实践性和与具体农业产业对接的机制。因此，我们建议在猕猴桃主产区的职业院校尝试开设与猕猴桃产业发展相关的课程或者专业，以此推动农业职业教育为农业现代化和产业化服务，培养出大批合格的新型农民。这也有益于具有先进农业技术的青年人留在农村务农，解决农业从业人口老龄化的问题。

参考文献

马歇尔，阿尔弗雷德，2009，《经济学原理》，彭逸林等译，人民日报出版社。

奥斯特罗姆，埃莉诺，2000，《公共事务的治理之道：集体行动制度的演进》，余逊达、陈旭东译，上海三联书店。

奥斯特罗姆，埃莉诺、拉里·施罗德、苏珊·温，2000，《制度激励与可持续发展：基础设施政策透视》，毛寿龙译，上海三联书店。

蔡荣、祁春节、虢佳花，2007，《发达国家农业产业化经营模式分析》，《经济研究导刊》第3期。

陈建录、李文锦，2013，《农民培训治理：政府、培训机构和社会关系的重构》，《教育理论与实践》第25期。

陈卫新，2009，《以科技为支撑 以创新为动力 扎实推进渔业科技入户工程——辽宁省盘山县实施农业科技入户工程工作经验》，《中国水产》第2期。

程伟、张红，2012，《国内有关职业农民研究的综述》，《职业技术教育》第22期。

程亚平，2011，《建设社会主义新农村 造就社会主义新农民》，《法制与社会》第22期。

仇坤，2008，《农业产业化与金融服务创新》，中国金融出版社。

褚彩虹、冯淑怡、张蔚文，2012，《农户采用环境友好型农业技术行为的实证分析——以有机肥与测土配方施肥技术为例》，

《中国农村经济》第 3 期。

李嘉图，大卫，1962，《政治经济学及赋税原理》，郭大力、王亚南译，商务印书馆。

邓东京、饶异伦，2008，《关于农民培训的研究综述》，《廊坊师范学院学报》（自然科学版）第 6 期。

邓东京、饶异伦，2009，《新型农民科技培训工程实施现状及对策研究——以湖南省蓝山县为例》，《职教论坛》第 4 期。

邓志军、黄日强，2004，《澳大利亚的农业职业教育》，《世界农业》第 12 期。

杜育红、梁文艳，2011，《农村教育与农村经济发展：人力资本视角》，《北京师范大学学报》（社会科学版）第 6 期。

方军，1998，《农业产业化与传统农业的改造》，《理论学习月刊》第 7 期。

房桂芝，2012，《农民科技培训的现状及路径选择》，《高等农业教育》第 5 期。

傅青、郭军海、黄海林等，2007，《江西农业产业化龙头企业带动行为实证研究》，《江西农业大学学报》（社会科学版）第 3 期。

高翠玲，2010，《新形势下农民培训评估指标体系的架构》，《安徽农业科学》第 28 期。

高建民，2008，《中国农民概念及其分层研究》，《河北大学学报》（哲学社会科学版）第 4 期。

郭智奇，2011，《大力发展农民职业教育　培养高素质职业农民》，《中国农业教育》第 1 期。

韩世明、周赛霞、宋满珍等，2011，《猕猴桃产业的市场现状及发展对策》，《黑龙江农业科学》第 2 期。

郝婷，2012，《农民培训长效机制研究》，西北农林科技大学博士学位论文。

何安华、刘同山、孔祥智，2014，《农户异质性对农业技术培训参与的影响》，《中国人口·资源与环境》第 3 期。

何学书、周增清、刘子富，2011，《提高农民素质是增收致富的基础——绿色证书培训与示范村建设的调研报告》，《农民科技培训》第 1 期。

胡波、郭骊，2012，《实用统计分析方法与技术》，化学工业出版社。

胡浩民、李思思、向安强，2011，《科技创新体系的多元联合互动逻辑——温氏集团科技创新发展的三重螺旋模型理论分析》，《科技管理研究》第 3 期。

胡瑞法、时宽玉、崔永伟等，2007，《中国农业科研投资变化及其与国际比较》，《中国软科学》第 2 期。

黄玉翠，2003，《南平市实施"跨世纪青年农民培训工程"的体会》，《福建农业》第 10 期。

黄祖辉、俞宁，2007，《失地农民培训意愿的影响因素分析及其对策研究》，《浙江大学学报》（人文社会科学版）第 3 期。

雷玉明，2010，《城乡统筹的经济动因——农业产业化利益机制新论》，华中科技大学出版社。

李婵、刘小春，2013，《农业产业化龙头企业融资问题及对策》，《农业经济》第 3 期。

李长健、李昭畅、黄岳文，2007，《新农村建设中利益和谐的建构——利益驱动愿望的导入》，《南京航空航天大学学报》（社会科学版）第 1 期。

李成贵，2002，《农民合作组织与农业产业化的发展》，《南京社会科学》第 11 期。

李嘉、杨锦秀，2012，《农民就业培训满意度的影响因素分析——以成都市为例》，《农村经济》第 6 期。

李静，2007，《政府在农民培训供给中的角色研究》，贵州大学硕士学位论文。

李军岩、王菲，2011，《我国农业产业化龙头企业核心竞争力提升研究》，《农业经济》第4期。

李平原、刘海潮，2014，《探析奥斯特罗姆的多中心治理理论——从政府、市场社会多元共治的视角》，《甘肃理论学刊》第3期。

李晓春，2007，《农业技术推广效果评价研究——以长武野外科研基地为例》，西北农林科技大学硕士学位论文。

李燕凌，2011，《农业科技服务与管理》，高等教育出版社。

李燕琼、张学睿，2009，《基于价值链的农业产业化龙头企业竞争力培育研究》，《农业经济问题》第1期。

梁燕，2007，《顾客满意度研究评述》，《北京工商大学学报》（社会科学版）第2期。

林毅夫，2006，《发展战略与经济发展》，北京大学出版社。

林毅夫，2006，《关于社会主义新农村建设的几点建议》，《北方经济》第5期。

林毅夫，2012，《新结构经济学：反思经济发展与政策的理论框架》，北京大学出版社。

刘红燕，2009，《失地农民培训评价体系的思考》，《湖南工业职业技术学院学报》第4期。

刘怀珍，1998，《农业产业化组织形式研究》，《农业经济》第3期。

陆俊杰，2013，《城镇化进程中新型农民教育与培训研究》，《教育发展研究》第23期。

罗哲、曲玮，2011，《促进甘肃省农业产业化龙头企业融资的问题与建议》，《开发研究》第6期。

马超、张义兵，2008，《国外农民培训的三种模式及其对我国农民培训的启示》，《职业教育研究》第2期。

马云启，2012，《以需求为导向的新型农民科技培训体系研究》，河北农业大学博士学位论文。

博兰尼，迈克尔，2002，《自由的逻辑》，冯银江、李雪茹译，吉林人民出版社。

麦金尼斯，迈克尔，2000，《多中心体制与地方公共经济》，毛寿龙译，上海三联书店。

满明俊、李同昇，2010，《农业技术采用的研究综述》，《开发研究》第 1 期。

农业部，《中国农业年鉴 2009》，中国农业出版社。

农业经济问题杂志社，1997，《农业产业化研究综述》，《农业经济》第 8 期。

潘建华，2008，《新农村建设背景下农民的现实诉求：职业培训——以江西省农村劳动力转移培训阳光工程为例》，《成人教育》第 5 期。

曲建勋，2005，《我国职业农民的产生及其发展对策》，《职业时空》第 18 期。

曲延春，2014，《农村公共产品市场化供给中的公共性流失及其治理——基于农村水利市场化的分析》，《中国行政管理》第 5 期。

邵法焕，2003，《我国农业技术推广绩效评价若干问题初探》，《科学管理研究》第 3 期。

沈雅琴，2005，《对当前我国农业产业化研究的再思考》，《当代经济研究》第 12 期。

石骏，2013，《农民专业合作社视域下的新型职业农民培养研究》，《教育理论与实践》第 15 期。

舒尔茨，2010，《改造传统农业》，梁小民译，商务印书馆。

宋官东、吴访非、李雪，2010，《公共产品市场化的可能与条件》，《社会科学辑刊》第 6 期。

宋睿、谭金芳，2010，《我国农业技术推广体系的现状、存在问题及发展对策》，《河南农业科学》第 12 期。

孙敬国、官同瑶、安丙俭等，2013，《我国农民科技培训现状研究述评》，《山东财经学院学报》第 3 期。

孙武学，2013，《围绕区域主导产业建立试验站探索现代农业科技推广新路径》，《农业经济问题》第 4 期。

谭静，1996，《农业产业化研究进展综述》，《中国农村经济》第 10 期。

汪广荣，2007，《韩国政府在新村运动中的作用及启示》，《改革与战略》第 1 期。

王爱群、郭庆海，2008，《中国各地区农业产业化龙头企业竞争力比较分析》，《中国农村经济》第 4 期。

王利清，2013，《农民视角下的农业科技推广困境与出路研究》，《科学管理研究》第 2 期。

王世军，2006，《比较优势理论的学术渊源和评述》，《杭州电子科技大学学报》（社会科学版）第 3 期。

王晓旭、孟全省，2012，《农业产业化龙头企业发展现状、问题与对策》，《北方园艺》第 10 期。

王旭、张国珍，2005，《国外农业产业化经营对我国的借鉴》，《理论前沿》第 19 期。

王雅静，2006，《秩序·自由·信仰——波兰尼论自发秩序》，华中师范大学硕士学位论文。

王飏，2010，《多中心治理理论与和谐社会的构建》，《西北农林科技大学学报》（社会科学版）第 5 期。

王宗力，2014，《培育新型农民势在必行》，《农家科技》第 2 期。

韦云凤、盘明英，2006，《构建新型农民培训体系　全面提高农民素质》，《经济与社会发展》第 10 期。

翁辰、何勇、张兵，2014，《农民排灌协会在农业生产中的作用分析——基于江苏省农民排灌协会项目区 152 户农户的调查》，《资源科学》第 5 期。

吴锦城，2011，《农民教育供给制度研究》，福建农林大学博士学位论文。

吴志雄、毕家美、刘惠等，2006，《论农业产业化经营体系》，中国社会出版社。

舒尔茨，西奥多·W.，1990，《论人力资本投资》，吴珠华等译，北京经济学院出版社。

项诚、贾相平、黄季焜等，2012，《农业技术培训对农户氮肥施用行为的影响——基于山东省寿光市玉米生产的实证研究》，《农业技术经济》第 9 期。

徐金海、蒋乃华、秦伟伟，2011，《农民农业科技培训服务需求意愿及绩效的实证研究：以江苏省为例》，《农业经济问题》第 12 期。

宣琳琳、徐欣，2010，《基于多中心治理理论的农业科技创新》，《经济研究导刊》第 2 期。

薛薇，2011，《统计分析与 SPSS 的应用》（第三版），中国人民大学出版社。

斯密，亚当，1972，《国富论》，郭大力、王亚南译，商务印书馆。

阎登科、舒志定，2014，《新时期农民概念的界定与新型农民教育》，《湖州师范学院学报》第 12 期。

杨公朴、夏大慰，2002，《产业经济学教程》，上海财经大学出版社。

杨国巧，2007，《基于博弈论的农业产业化经营利益分配模型》，《全国商情经济理论研究》第 8 期。

杨玲丽、丘海雄，2008，《"钻石模型"的理论发展及其对我国的启示》，《科技与经济》第 3 期。

杨尚勤、石英、裴成荣，2012，《陕西经济发展报告》，社会科学文献出版社。

杨文钰，2007，《农业产业化概论》，高等教育出版社。

杨永梅、郭志林、洪荣昌等，2013，《基于因子分析的格尔木市郊工程移民满意度评价》，《干旱区资源与环境》第 9 期。

杨正洲、王鹏、余斌，2005，《国外农民培训模式及特点》，《世界农业》第 6 期。

殷瑾、马倩、徐梓晧，2012，《基于可持续生计框架的农民培训模式和对策研究——以四川省为案例》，《中国软科学》第 2 期。

喻国华，2008，《专业合作组织在农业产业化中的实践模式》，《农业经济》第 3 期。

张百放、王凯伦，1998，《农业产业化经营模式的国际比较》，《经济纵横》第 3 期。

张春莲，2008，《新型农民理论的国内文献综述》，《安徽农业科学》第 29 期。

张计育、莫正海、黄胜男等，2014，《21 世纪以来世界猕猴桃产业发展以及中国猕猴桃贸易与国际竞争力分析》，《中国农学通报》第 23 期。

张利庠、纪海燕，2007，《试析我国农业技术推广中的财政投入》，《农业经济问题》第 2 期。

张亮、赵邦宏，2012，《中国农民教育培训研究评述与趋势》，《中国农学通报》第 11 期。

张鹏、郭建鑫，2008，《从新型农民的内涵浅谈农民培训的有效措施》，《安徽农业科学》第 4 期。

张峭、徐磊，2009，《中国新型农民培训体系研究》，《经济问题》第 6 期。

张润君、吴强，2002，《我国农业产业化研究论纲》，《西北师大学报》（社会科学版）第 3 期。

张淑云等，2011，《多元化农业推广组织协同运行机制研究——基于河北省梨产业技术推广调查》，河北农业大学博士学位论文。

张彤、黄谦、刘秀娟，2008，《中国农民培训需求状况调查分析》，《中国农学通报》第 9 期。

张维达、王连忠，2008，《我国农业产业化龙头企业的发展及对策研究》，《经济纵横》第 1 期。

张文明、钟平英、刘飞翔，2014，《基于农户视角的农业科技推广绩效评价体系设计——以武平县 17 个乡镇农技机构为例》，《云南农业大学学报》（社会科学版）第 2 期。

张晓山，2006，《创新农业基本经营制度　发展现代农业》，《农业经济问题》第 8 期。

赵帮宏、张亮、张润清，2013，《我国新型职业农民培训模式的选择》，《高等农业教育》第 4 期。

赵帮宏、张亮、张润清，2010，《新型农民培训影响因素的实证考察》，《统计与决策》第 11 期。

赵海，2012，《政府政策扶持、创新驱动对我国农业产业化龙头企业发展的影响——基于 894 家国家重点龙头企业的实证分析》，《技术经济》第 8 期。

赵正洲、王鹏、杨通兵等，2005，《谈我国农民培训模式的内涵、结构及特点》，《中国职业技术教育》第 6 期。

郑慧娟，2012，《甘肃省农业产业化龙头企业融资的现状特征》，《开发研究》第 1 期。

周保君，2013，《眉县猕猴桃产业发展研究》，西北农林科技大学硕士学位论文。

周稽裘，2012，《再建农村教育的伟大工程——"三化同步"与现代职业农民教育发展战略和政策》，《中国职业技术教育》第 4 期。

周小刚、李丽清，2013，《面向新生代农民工培训满意度改进决策的结构方程模型研究》，《中国社会科学院研究生院学报》第4期。

周宇英、林振亮，2013，《广东省农村科技特派员建设现状及对策》，《广东农业科学》第5期。

周中林，2005，《我国农业产业化龙头企业历史地位与发展对策》，《求索》第4期。

庄严，2006，《农业节水技术潜力评价方法研究》，中国农业科学院硕士学位论文。

Becker, G. S. 1975. *Human Capital (2nd ed)*. The University of Chicago Press.

Bunkers E. W. , 1957 Lochrane WW. on the Income Elasticity of Service. *Review of Economics and Statistics*, 39 (2): 211 – 217.

Burton, M. A. 1994. The Irrigation Management Gamel: A Role Playing Exercise for Training Irrigation Management. *Irrigation and Rainage Systems* 7 (4): 305 – 318.

Burton. M. A. 1994. A Simulation of Water Allocetion Policies in Time of Water Shovtage. Irrigation and Drainage System, 8 (2), 61 – 81.

Corum, V, Rosenzweig, M. A. , and Gibson, E. L. 2001. *The New Farmers' Market: Farm-Fresh Ideas for Producers, Managers & Communities*. New World Pub.

Cui, Q. , Jiang, H. , and Zhou, N. 2012. Exploration and Enlightenment on Constraints of Modern Agricultural Construction in China. *Asian Agricultural Research* 4 (6).

Dong, G. , Guo, T. , and Teng, F. 2011. Differentiation of the Rural Households Based on the Perspective of Agricultural Industrialization Behavior-A Case Study of 102 Households in Yanling County, *Henan Province, China. Asian Agricultural Research* 3 (1).

Drabenstott, M. 1995. Agricultural Industrialization: Implications for Economic Development and Public Policy. *Journal of Agricultural and Applied Economics* 27: 13 – 13.

Du, W. , Wu, J. , Zhao, B, et al. 2013. Research on Vegetables Industrialization Demonstration Project Evaluation. *Informatics and Management Science*. IV: Springer London: 447 – 455.

Hamilton, N. D. 2010. America's New Agrarians: Policy Opportunities and Legal Innovations to Support New Farmers. *Fordham Envtl. L. Rev* 22: 523.

Hamilton, N. D. 2011. Moving Toward Food Democracy: Better Food, New Farmers, and the Myth of Feeding the World. *Drake Journal of Agricultural Law* 16 (1): 11 – 29.

Hashemi, S. M. , Hosseini, S. M. , and Hashemi, M. K. 2012. Farmers' Perceptions of Safe Use of Pesticides: Determinants and Training Needs. *International Archives of Occupational and Environmental Health* 85 (1): 57 – 66.

He, X. , Hua, E. , Lin, Y. , et al. 2012. *Research on New Rural Information Service Model of Agricultural Industrial Chain.* Springer Netherlands: 1231 – 1240.

Hendrickson, M. K. , and James, H. S. 2005. The Ethics of Constrained Choice: How the Industrialization of Agriculture Impacts Farming and Farmer Behavior. *Journal of Agricultural and Environmental Ethics* 18 (3): 269 – 291.

Jackson, L. L. 1998. Agricultural Industrialization and the Loss of Biodiversity. *Converging Strategies*. Durham/London , 66 – 86.

Kugler, D. E. 1997. Policy Directions for Agricultural Industrial Products in the United States. *Industrial Crops & Products* 6 (3): 391 – 396.

Lundvall, B. A. , 2005. *Borrás, S. Science, Technology and Innovation Policy*. The Oxford Handbook of Innovation, 599 – 631.

Lynne, G. D. 2002. Agricultural Industrialization: A Metaeconomics Look at the Metaphors by Which We Live. *Review of Agricultural Economics* 24 (2): 410 – 427.

L. Van. Crowder, J. Andersou. Link Research, Extension and Eduation: Why is the problem so pevsistent and pervasive? *European Jouvnal of Agricuttural Edueation and Extention*, 1997, 3 (4), 241 – 249.

Mailfert, K. 2007. New Farmers and Networks: How Beginning Farmers Build Social Connections in France. *Tijdschrift Voor Economischen Social Geografie* 98 (1): 21 – 31.

Ming, Z. 2003. Innovation of Agricultural Engineering Science and Technologies and Agricultural Industrialization in China. *Transactions of The Chinese Society of Agricultural Engineering* 1: 001.

Odendo M, Khisa G. 2011. Taking Soil Fertilty Management Technologies to the Farmer's Backyard: The Case of Farmer Field School in Western Kenya. Innovatious as Key to the Green Revolution in Africa Springer Netherlands.

Odendo, M. , and Khisa, G. 2011. Taking Soil Fertility Management Technologies to the Farmers ' Backyard: The Case of Farmer Field Schools in Western Kenya. Innovations as Key to the Green Revolution in Africa: Springer Netherlands: 1061 – 1067.

Popkin, S. L. 1979. *The Rational Peasant: The Political Economy of Rural Society in Vietnam*. University of California Press.

Salazar, R. , Louwaars, N. P. , and Visser, B. 2007. Protecting Farmers' New Varieties: New Approaches to Rights on Collective Innovations in Plant Genetic Resources. *World Development* 35 (9): 1515 – 1528.

Schultz, T. W. 1961. Investment in Human Capital. *The American Economic Review* 51 (1): 1 – 17.

Thompson, G. W. 2001. Perceptions of Oregon Secondary Principals Regarding Integrating Science into Agricultural Science and Technology Programs. *Journal of Agricultural Education* 42 (1): 49 – 59.

Thompson, G. W., and Balschweid, M. M. 1999. Attitudes of Oregon Agricultural Science and Technology Teachers toward Integrating Science. *Journal of Agricultural Education* 40: 21 – 29.

Van Crowder, L. 1997. Women in Agricultural Education and Extension. Sustainable Development Dimesions.

Weintraub. D, 1964. A Study of New Farmers in Israel. *Sociologia Ruralis* 4 (1): 3 – 51.

附录1 农业科技服务与培训调查问卷

您好!

我们是西北农林科技大学的师生,为了了解农业科技推广和农村社会发展等情况,我们设计了此问卷。请您根据实际对问卷中的每一项内容给予回答,本问卷不涉及您的隐私,请您放心作答。(注:无特殊说明,每一个问题只能选一个答案。)

真诚感谢您对我们工作的支持与配合,祝愿您的生活一切顺利!

西北农林科技大学公共管理系

2012 年 8 月

A 基本信息

A1 家庭住址:＿＿＿＿县＿＿＿＿镇＿＿＿村(调查者填)

A2 性别:(　　)1 男　　2 女

A3 年龄＿＿＿＿岁

A4 婚姻状况:(　　)1 未婚　2 已婚　3 离婚　4 丧偶

A5 文化程度:(　　)1 没有上过学　2 小学　3 初中

　　　　　　　　　4 高中或中专　5 大专　6 大学本科及以上

A6 你的家庭成员人数＿＿＿＿人。其中从事农业生产的＿＿＿＿人,其中种植＿＿＿猕猴桃的＿＿＿＿人。

B 经济效益

B1 您家 2011 年耕地总面积＿＿＿＿＿亩，其中猕猴桃种植面积＿＿＿＿＿亩，其他耕地是怎么处理的＿＿＿＿＿（1 种苹果、樱桃等其他经济作物　2 种粮食　3 转租给别人　4 种苗木　5 其他），猕猴桃总产量＿＿＿＿斤，亩产＿＿＿＿斤。

B2 您家种植猕猴桃的品种是＿＿＿＿＿
1 海沃德＿＿＿亩　2 红阳＿＿＿亩　3 秦美＿＿＿亩　4 徐香＿＿＿亩
5 其他品种＿＿＿，＿＿＿亩

B3 您家有储藏猕猴桃的冷库吗？（选择"没有"的跳过第 B4、B5 题）
1 有　　2 没有

B4 您家冷库是＿＿＿＿＿年建成的，建设成本＿＿＿＿＿元，面积＿＿＿＿＿平方米。

B5 您家冷库除了储藏自家的猕猴桃外还外租吗？
1 有　　2 没有

B6 您家猕猴桃有深加工产品（如猕猴桃干、果汁、保健品等）吗？
1 有　　2 没有

B7 您家 2011 年猕猴桃收入＿＿＿＿元，其他耕地收入＿＿＿＿元，冷库收入＿＿＿＿元/年，打工收入＿＿＿＿元/月，总收入＿＿＿＿元/年。

B8 您家去年猕猴桃打药次数＿＿＿＿次，花费＿＿＿＿元；施肥次数＿＿＿＿次，花费＿＿＿＿元；灌溉费用＿＿＿＿元；雇工费用＿＿＿＿元；猕猴桃种植总成本＿＿＿＿元。

B9 您家 2006 年之前耕地总面积＿＿＿＿亩，其中猕猴桃种植面积＿＿＿＿亩，总产量＿＿＿＿斤，亩产＿＿＿＿斤，猕猴桃收入＿＿＿＿元，总收入＿＿＿＿元/年。

B10 您觉得种粮食和种猕猴桃相比，哪个劳动强度更大？
1 粮食　　2 猕猴桃

C 农民学习农业技术的情况

C1 您之前是否接受过农业科技培训?

   1 是　　2 否

   具体哪些家庭成员接受过培训:＿＿＿＿＿＿

C2 您对农业技术和农业科技培训的需要程度?

   1 非常需要　2 比较需要　3 基本不需要　4 完全不需要

   (接 3、4 选项)不需要的原因?

   1 文化水平低、接受能力差　　2 培训内容不能满足需要

   3 培训质量不高,效果不理想

   4 耕种仍依靠传统经验

C3 您参加过哪些形式的农业科技培训?(可多选)

   1 课堂讲授　　2 田间示范　　3 会议

   4 参观学习　　5 电视视频、广播　　6 技术人员入户指导

C4 您最能接受的培训形式?

   1 课堂讲授　　2 田间示范　　3 会议

   4 参观学习　　5 电视视频、广播　　6 技术人员入户指导

C5 您每次接受培训的时间?

   1 1 天以内　　2 2—3 天　　3 4—7 天　　4 8—14 天

   5 15 天以上

C6 您希望农业科技培训开展的时节?

   1 农闲时节　　2 根据农业生产需要随季节安排　　3 随时举办

C7 您希望培训实施的地点?

   1 县城　　2 乡镇　　3 本村　　4 就近

C8 您更乐于接受哪类培训讲师的讲授?

   1 专家教授　　2 示范站技术人员

   3 研究生(含博士、硕士)　　4 村上的生产能手

C9 每次培训的内容你能学会、掌握多少?

1 80%　　2 50%　　3 30%　　4 30% 以下

C10 不能完全掌握的原因？

1 培训老师讲的不容易理解　　2 培训时间不够

3 培训地点不合适　　4 培训内容不切合实际农业生产

5 培训形式不合适　　6 自身知识水平有限

C11 除了猕猴桃种植技术的培训，您还想了解哪些方面的知识？（可多选）

1 猕猴桃贮藏　　2 销售　　3 深加工技术

4 服务业（如农家乐）

C12 培训所获科技知识对猕猴桃增产增收的效果？

1 十分有作用　　2 有作用　　3 有点作用　　4 基本没作用

C13 您愿意采用新技术、新品种吗？

1 主动采用　　2 看到别人用得好时才采用　　3 不愿采用

C14 您以后还愿意继续接受农业科技培训吗？

1 非常愿意　　2 愿意　　3 不愿意

C15 培训后是否有技术资料免费发放？

1 是　　2 否

C16 您回家后还会看这些技术资料吗？

1 是　　2 否

C17 您购买过农业生产方面的书籍吗？

1 是　　2 否

C18 您通过电视或广播学习种植技术吗？

1 是　　2 否

C19 当猕猴桃种植出现问题时你会主动去寻求专家或合作社的帮助吗？

1 是　　2 否

C20 您家猕猴桃的销售主要是？

1 批发商上门收购　　2 合作社收购　　3 自己到市场上零售

C21 您参加猕猴桃专业合作社了吗？

　　1 参加了_____合作社　　2 没参加　　3 准备参加

C22 合作社对您家种植猕猴桃的帮助主要体现在哪个方面？

　　1 育种　　2 种植技术　　3 病虫害防治

　　4 化肥的采购和使用　　5 猕猴桃销售

C23 周围村庄有人请您去示范猕猴桃技术、解答种植猕猴桃的疑难问题的吗？

　　1 有，_____次　　2 没有

C24 您知道西北农林科技大学吗？

　　1 是　　2 否

C25 您知道眉县猕猴桃示范站吗？

　　1 是　　2 否

C26 您对示范站农业科技推广、培训工作的评价？

　　1 非常满意　　2 满意　　3 不满意

C27 您认为国家当前的惠农政策好吗？

　　1 非常好　　2 比较好　　3 一般　　4 不太好　　5 很不好

D 农村生活方式的转变

D1 您家房屋是？

　　1 瓦房　　2 平房　　3 楼房_____层共_____间；盖房的花费_____元。

D2 您家厕所是？

　　1 水冲式厕所　　2 旱厕　　3 无厕所

D3 您村里垃圾有集中处理吗？

　　1 是　　2 否，随意倾倒垃圾

D4 您家院子里饲养牲畜吗？

　　1 是　　2 否

D5 您家里是否购买了电脑？

　　　　1 是　　　2 否

D6　您家里的电脑是否可以上网？

　　　　1 是　　　2 否

D7　您会在网络上查询农业生产的相关信息吗？

　　　　1 是　　　2 否

D8　您有手机吗？

　　　　1 是　　　2 否

D9　您用手机了解农产品的相关信息吗？

　　　　1 是　　　2 否

D10　您家的出行工具有？（可多选）

　　　　1 自行车　　　2 摩托车/电动车　　　3 小汽车

　　　　4 货车（三轮车）

D11　您家参加新型农村养老保险了吗？

　　　　1 是　　　2 否

D12　您家参加新型农村合作医疗了吗？

　　　　1 是　　　2 否

D13　您参加农业保险了吗？

　　　　1 是　　　2 否

D14　您村里有农家书屋吗？

　　　　1 是　　　2 否　　　3 不知道

D15　您去农家书屋看书吗？

　　　　1 经常去　　　2 偶尔去　　　3 基本不去

D16　您村里 2011 年开展群众文化活动（如篮球赛、跳舞、秦腔、
　　　书画比赛等）的情况？

　　　　1 一年 1—2 次　　　2 一年 3—4 次　　　3 一年 4 次以上

D17　您参加这些群众文化活动吗？

　　　　1 是　　　2 否

D18　据您了解，您村有封建迷信或邪教活动吗？

1 是　　　2 否

D19 您参加上一届村民委员会选举投票了吗？

1 是　　　2 否

D20 您参加 2011 年的村民会议了吗？

1 是　　　2 否

D21 您在村民会议上提出过自己的意见和想法吗？

1 是　　　2 否

E 改善农业生态环境

E1 您种植猕猴桃时有机肥使用占＿＿＿%，化肥使用占＿＿＿%，营养液使用占＿＿＿%

E2 您家现在化肥的使用量与 5 年前相比？

1 增加　　　2 差不多　　　3 减少

E3 使用农药前是否阅读标签？

1 是　　　2 否

E4 若阅读标签，是否按照标签的要求配药和喷药？

1 凭经验　　　2 严格按照　　　3 大体上按照　　　4 不按照

E5 您家现在农药的使用量与 5 年前相比？

1 增加　　　2 差不多　　　3 减少

E6 您家的灌溉方式？

1 专业灌溉设备　　　2 水渠引水浇地　　　3 挑水浇地

E7 您村有农业生态休闲旅游观光项目（如采摘节、农家乐）吗？

1 有　　　2 正在发展　　　3 没有

附录2　龙头企业和专业合作社访谈提纲

一　组织的基本情况

1. 组织的联系方式：名称、通信地址、电话、传真、网址、e-mail。

2. 简述组织的发展历史。简述组织发起时的情况，如发起人先前担任过的职务、与业务主管部门的关系、主要的社会关系网络、政府对其成立的态度等。

3. 组织的法律身份（注意：法律身份包括事业法人、社团法人、企业法人、二级机构、无合法身份等）。对未注册机构，记录并询问在注册时遇到的困难和所做出的尝试与努力。

4. 组织结构（注意：可以用组织结构图表示，也可以用文字表示）。

5. 组织的目标与宗旨，包括书面表达、领导人口头表述、员工的认识（注意：调查员应该根据对项目和活动的了解对此做出自己的判断，并做出独立的陈述）。

二　组织的活动和项目

1. 组织有哪些工作？最主要的工作是什么？

2. 在每个（主要）活动领域中挑选一项最主要的活动/项目进行描述。

3. 组织的规则制度中关于农业科技推广与培训的内容。

三　人力资源情况

专职人员人数。

男女比例。

年龄分布，说明以哪个年龄段为主即可。

文化程度，说明以哪类文凭拥有者为主即可。

兼职人员人数。

四　组织经营模式的具体情况

1. 经营主体有哪些。

2. 经营模式的流程。

五　农业科技推广与培训的效果

1. 收益分配制度。

2. 猕猴桃品种选择、种植技术、销售渠道等方面的影响。

3. 对农民使用新技术、新品种的影响。

致　谢

　　本书是在博士论文基础上修订而成的。当年面对完稿的博士论文，感慨万千。我读博士的这个梦想实现得快乐又艰辛。博士论文是多数研究者一生之中学术研究巅峰状态的呈现，以后的学术道路上可能还会有各种各样的成功，但这个制高点是一个人最值得珍惜的节点。在艰辛的论文写作过程中，我有幸得到了老师、同学、同事、朋友和家人的无私帮助和大力支持。正是他们的支持与鼓励使我坚持并最终完成了论文写作，珍藏在我心底的是深深的感激之情。

　　回首读博的5年多的时光，感慨颇多：有过坚韧与执着，也有过苦闷与彷徨，但更多的还是收获的欢愉。首先我要衷心感谢我的导师卜风贤教授，导师渊博的学识、严谨的治学态度、务实的工作作风和忘我的敬业精神，使我受益匪浅。导师在我的论文选题、研究构思、框架结构以及撰写、修改上，倾注了大量心血，使我分析和解决问题的能力大有长进。值此论文成书，出版之际，向导师致以深深的敬意！

　　在论文数据的收集、整理和分析过程中，很多人给予了我无私的帮助。感谢陕西省首席猕猴桃专家、西北农林科技大学猕猴桃试验示范站站长刘占德教授在问卷设计、实地调研和论文撰写过程中给予我的巨大帮助！感谢眉县农技站的领导接受我的访谈！感谢眉县齐峰果业和第五村猕猴桃合作社工作人员及汉中新天地农业发展有限公司李晓涛总经理的热情接待！

　　感谢西北农林科技大学人文社会发展学院和经济管理学院的

樊志民老师、张波老师、朱宏斌老师、王礼力老师、孔荣老师和余劲老师，他们给予我诸多指点，让论文撰写得以顺利开展。感谢姚顺波教授和付少平教授在论文修改方面的指导！当我感到文思枯竭之时，他们提出的颇有见地的意见，让我茅塞顿开、柳暗花明。

感谢公共管理系系主任杨学军老师在工作和学习上对我的帮助和支持，感谢同事们的理解，你们分担了我的很多工作。感谢好朋友李梅、庞英、王娜、王曼、郝雅琦，她们在工作、学习和生活中给予我很大的鼓励。感谢王兵老师给我的帮助。

最要感谢的是我的母亲，在我人生遇到挫折时她一直鼓励我、支持我、帮助我，我才能完成这本书。

王 倩

图书在版编目(CIP)数据

农业产业化与新型农民科技培训 / 王倩著. -- 北京：
社会科学文献出版社，2016.12
（关中农村研究系列丛书）
ISBN 978 - 7 - 5201 - 0182 - 0

Ⅰ.①农…　Ⅱ.①王…　Ⅲ.①农业产业化 - 研究 - 中
国②农业技术 - 技术培训 - 研究 - 中国 Ⅳ.①F320.1
②F324.3

中国版本图书馆 CIP 数据核字(2016)第 314213 号

关中农村研究系列丛书

农业产业化与新型农民科技培训

著　　者 / 王　倩

出 版 人 / 谢寿光
项目统筹 / 任晓霞
责任编辑 / 任晓霞

出　　版 / 社会科学文献出版社·社会学编辑部 (010) 59367159
　　　　　　地址：北京市北三环中路甲 29 号院华龙大厦　邮编：100029
　　　　　　网址：www. ssap. com. cn
发　　行 / 市场营销中心 (010) 59367081　59367018
印　　装 / 三河市尚艺印装有限公司

规　　格 / 开　本：787mm×1092mm　1/16
　　　　　　印　张：12.25　字　数：158 千字
版　　次 / 2016 年 12 月第 1 版　2016 年 12 月第 1 次印刷
书　　号 / ISBN 978 - 7 - 5201 - 0182 - 0
定　　价 / 59.00 元